U0602086

仕事の生産性が上がる
トヨタの習慣

丰田
每天都在坚持的
习惯

[日] OJT解决方案股份有限公司 / 著
朱悦玮 / 译

SJ 北京时代华文书局

图书在版编目（CIP）数据

丰田每天都在坚持的习惯 / 日本 OJT 解决方案股份有限公司著；朱悦玮译．
—— 北京：北京时代华文书局，2018.12（2022.1重印）
ISBN 978-7-5699-2835-8

Ⅰ．①丰… Ⅱ．①日… ②朱… Ⅲ．①工作方法 Ⅳ．① B206

中国版本图书馆 CIP 数据核字 (2018) 第 271900 号

SHIGOTO NO SEISANSEI GA AGARU TOYOTA NO SHUKAN
©OJT Solutions 2017
First published in Japan in 2017 by KADOKAWA CORPORATION, Tokyo. Simplified
Chinese translation rights arranged with KADOKAWA CORPORATION, Tokyo
through BARDON-CHINESE MEDIA AGANCY.

北京市版权著作权合同登记号　字：01-2018-3719

丰田每天都在坚持的习惯
SHIGOTO NO SEISANSEI GA AGARU TOYOTA NO SHUKAN

著　　者 | （日）OJT 解决方案股份有限公司
译　　者 | 朱悦玮

出 版 人 | 王训海
选题策划 | 胡俊生　樊艳清
责任编辑 | 樊艳清
装帧设计 | 元明设计　赵芝英
责任印制 | 刘　银

出版发行 | 北京时代华文书局 http://www.bjsdsj.com.cn
　　　　　北京市东城区安定门外大街 138 号皇城国际大厦 A 座 8 楼
　　　　　邮编：100011　电话：010-64267955　64267677
印　　刷 | 河北京平诚乾印刷有限公司　010-60247905
　　　　　（如发现印装质量问题，请与印刷厂联系调换）
开　　本 | 880mm×1230mm　1/32　印　张 | 6　字　数 | 150 千字
版　　次 | 2019 年 1 月第 1 版　　印　次 | 2022 年 1 月第 2 次印刷
书　　号 | ISBN 978-7-5699-2835-8
定　　价 | 39.80 元

版权所有，侵权必究

如今，长时间劳动已经成为社会问题，减少加班时间等"工作方法改革"显得越发重要。但是，对于企业来说降低销售额和利润是绝对不行的。

于是许多企业开始采取提高员工生产效率的方法，也就是高效工作。

OECD（经济合作与发展组织）的资料显示，2015年日本的单位时间劳动生产效率为42.1美元。日本的这个数字只有美国的60%，在OECD的35个加盟国之中日本排在第20位。

丰田汽车在战后经历了许多危机时期，也因此诞生了"just in time""自动化""看板方式""改善"等提高生产效率的丰田生产方式。

丰田正是因为每天坚持不懈地实践这些提高生产效率的方法，才成为能够代表日本的全球化企业之一，与全世界的大型企业站在同一个舞台之上。

在从事生产以外行业的人以及在中小企业中工作的人之中，或许会有"我们公司不是像丰田那样的大企业，所以能力有限"之类的想法。

但是，如今不仅是在办公室里工作的人，就连在服务行业、零售行业以及建筑行业的人都意识到提高生产效率的重要性，如果不采取有效的手段，势必影响到公司的存续。

即便从个人层面上来说，如果一直采取生产效率较低的工作方法，就难以取得预想中的成果，最终被竞争对手拉开差距。而且，能够用于真正想做的事情上的时间也会变少。

反之，如果掌握了提高生产效率的工作方法，就可以顺利地取得成果。最重要的是，再也不用辛苦地加班，可以将多余的时间用于挑战更困难的工作，还可以将时间用在陪伴家人或者自己的兴趣爱好上，或者用来学习以提高自己的能力，让自己能够更上一层楼。

丰田平均每隔57~58秒就能生产出一辆汽车，纯利润高达1兆8311亿日元（截止到2017年3月）。

当然，丰田并不是从一开始就拥有这么高的生产效率。在上述数字的背后，隐藏着丰田员工每天坚持实践的"习惯"。

不过，这个习惯并不是单纯提高工作效率和品质的"作业"。因为不管怎么提高工作效率和品质，如果不断地出现新的问题，那么再高的效率和品质都毫无意义，而且单纯的作业完全可以通过机器人来实现。

丰田坚持实践的习惯，是在提高生产效率的基础上创造"附加价值"。比如，将失误变为改善、通过解决问题取得成果、让部下取得成长……这些创造"附加价值"的工作，可不是单纯的"作业"能够做得到的。

在丰田生产的现场，存在许多被称为"丰田式"的思考方法、工作经验、体制以及人才培训的技术。这其中凝聚着长年以来在生产现场培养出来的"智慧"，丰田并没有将这些智慧当作一纸空谈，而是直到今天仍然在现场坚持实践的"习惯"。

在这些从上司传给部下，从前辈传给后辈的"习惯"之中，是否隐藏着提高生产效率、创造高附加值的秘诀呢——我们正是带着这样的问题创作了此书。

"想要更进一步提高生产效率""想成为能够创造高附加值的团队"，对于拥有这些期望的商务人士来说，被丰田当作习惯的工作方法、体制和思考方法，一定能够提供一些帮助。

另一方面，听到"学习丰田生产方式"就感到抵触的人也大有人在。

我们公司与丰田的企业规模相差太多。

我们公司与丰田相比，在资金和人才方面有很大差距。

"丰田式"只适用于生产现场……

当然，确实有一些"丰田式"只适用于像丰田那么大的企业规模。但是，通过将汽车的生产流程进行分析，就会发现其中存在适用于许多行业的原理和原则。

从生产现场的层面上来说，丰田现场的员工每天都绞尽脑汁地思考"怎样才能生产出更好的汽车"。这与企业规模无关，而是每个员工都坚持执行现场智慧的结晶——"习惯"。

本书介绍的"丰田的习惯"，并不是只适用于丰田，而是适用于任何行业和公司的具有普遍性的原理与原则。本书不只停留在大框架的思考和体制上，而是以落实到每天的生产实践当中的习惯为中心进行介绍。

不只对于在生产现场工作的人，即便对于在办公室里工作的人来说，本书也具有极高的参考价值。

事实上，由原丰田员工组成的"OJT Solutions"的指导师们指导的企业，不只限于国内的制造业，而是包括零售业、建筑业、金融与保险业、批发业、服务行业（医疗机构、福利设施、酒店等），甚至还有海外的制造行业，涵盖许多地区与行业，并且取得了巨大的成果。也就是说，丰田的工作方法绝对不仅限于丰田这样的大企业。

不过，由于本系列到目前为止已经介绍过包括"7个无用功""5S（整理、整顿、清扫、清洁、素质）""重复5次为什么"等许多习惯，所以本书不再对上述内容做详细的介绍。对于已经详细介绍过的习惯本书只简单地介绍一下重点部分，而对于之前没有介绍过的习惯以及对当今时代很有参考价值的习惯，本书将做详细的介绍。因此，在阅读本书的同时如果能够将同系列的《丰田工作法》等书也一并阅读的话，能够加深读者对丰田习惯的理解。

如果本书的内容能够帮助读者朋友提高工作生产效率，让诸位的工作变得更加充实，将是我们最大的荣幸。

株式会社OJT Solutions

班长、组长、工长、科长

本书中出现的丰田编制。"班长"是从入职十年左右的员工中选拔出来的工作现场的领导，手中管理10名以下的员工。管理几名班长的是"组长"，管理几名组长的是"工长"，管理几名工长的是"科长"。现在丰田的职位称呼有所改变，"班长"变为"TL（TeamLeader）"（本书仍然沿用"班长"的称呼）。

【改善】

丰田生产方式的核心思想：全员参加，彻底消除浪费，提高生产效率的组织活动。如今被多数企业所采用，是日本制造业强大力量的源泉。

【自动化】

从丰田佐吉的时代流传下来的丰田生产方式的支柱，"出现异常情况的话，立刻停止机械和生产线"。通过停止生产线来找出出现异常的原因，最终实现改善。在发生异常情况时亮警示灯就是基于这种思考方法产生的。

【5S】

整理、整顿、清扫、清洁、素质，被称为"5S"。"5S"的目的不只是收拾干净，而是为了更容易找出问题和异常，从而进行改善。

标准

根据当前品质与成本方面最佳的做法和条件，改善方法，时刻保持进化。操作者需要根据这一方法进行工作，包括工作手册、工作指导书、品质检查手册、刃具更换操作手册等。这些都是凝聚了现场操作经验的工作标准。

现地、现物

丰田重视现场的思考方法认为"只有去现场才能看到真相"。也就是说要对事物进行判断，必须亲眼确认现场实际发生的情况以及商品、产品本身。

非正式活动

以职场为中心的沟通属于纵向沟通，与其他部门和其他工厂的员工通过沟通会和相互学习等活动展开的沟通属于横向沟通。非正式活动指的就是这些横向沟通活动。

QC小组

"Quality Control"的略称。自主进行改善活动的团体，在丰田由4~5人构成。全员分别担任leader、书记等职务，为改善职场中出现的问题，以及维持应有状态进行管理活动。

可视化

通过组织内部共享情报，可以尽早发现现场的问题，并且有效率地进行改善。可以通过图表或者表格等各种方法实现可视化。

CHAPTER

第 1 章

提高生产效率的
"改善"习惯

LECTURE

第 2 章

提高"现场力"的习惯

LECTURE

CHAPTER

第 3 章

提高沟通力的
"团队"习惯

LECTURE

LECTURE

第 1 章

提高生产效率的
"改善"习惯

1

轻松工作

POINT

没必要把工作搞得太紧张。通过让工作变
"轻松"的改善,可以使工作变得更顺利。

支持丰田生产方式的核心就是"改善"。要想彻底消除无用功、提高生产效率，只能采取比现在更好的工作方法。让所有员工都参与到改善活动当中来，正是丰田的强大之处。

改善，换一种说法，就是解决工作现场的"困难"。

任何工作都存在"困难的地方"。还有由于"一直以来都是这样做的"之类的理由，被迫坚持低效工作方法的作业。

OJT Solutions的指导师为一家企业提供指导时遇到过这样的情况。在一条安装零件的生产线上，工作人员每次都要从一个放在地面上的箱子里拿出零件。因为每次拿零件都要弯腰蹲下，所以给腰部和膝盖造成很大的负担。但是，因为一直以来这家工厂都是这样的工作方法，所以工作人员没有任何抱怨，只是在重复着同样的方法。

于是指导师给出建议，在操作台上加装一个用来放零件的空间，这样工作人员就不用每次都弯腰蹲下拿取零件了。经过改动之后，工作人员在拿取零件时几乎可以做到原地不动，工作效率也得到了大幅提高。最重要的是，工作人员很高兴地说："现在比过去轻松多了。"

指导师井上陆彦这样说：

"工作中的困难是诞生改善的'金蛋'。发现工作现场中的困难之处，然后将其变成能够轻松工作的方式。通过不断进行这样的改善，就能够实现毫不费力的舒适工作。而且这样还可以让员工以更短的时间更准确地完成工作。"

指导师中田富男也指出"要想提高工作的生产效率，以让工作变轻松为出发点非常重要"。

"我在丰田工作的时候，曾经为了帮助南非的工厂进行改善而去了20多次。当时南非现场的工作人员完全不了解什么是丰田生产方式，甚至连"2S"（整理、整顿）都很难做到。他们的理由是，如果工人把工厂里收拾得干干净净，那负责打扫卫生的人不就要失业了吗？日本的常识在那边根本行不通。

"于是我非常仔细地给他们解释了负责打扫卫生的人可以转而从事其他的工作，并且亲自示范'5S'和改善的效果，终于让他们明白了'5S'与改善的重要性。比如，将零件和工具放在便于取用的地方，工作会变得更加轻松，生产效率也会提高。当意识到这一点之后他们立刻对改善的态度积极起来。可以说'轻松工作'是在全世界通用的思考方法。"

丰田每天都在坚持的习惯

没有人不愿意"轻松工作"。要想提高员工的工作效率，最好的办法就是让他们自己开动脑筋，寻找轻松工作的办法。

思考"替代的方法"

即便在办公室之中，也存在着非常麻烦但却必须去做，花费大量时间和精力也要强忍着做完的工作。

比如上门推销。新手推销员或许会凭借一腔热情发现新的突破口和需求，但同时也很有可能连续遭到拒绝，导致工作效率低下。对于不愿意吃闭门羹的销售人员来说，利用互联网或者以研讨会为名义将客户聚集到一起进行讨论与分享的办法或许更有效。如果只是以"上门推销是我们公司的传统"这一理由坚持，不如换一种方法，或许更容易取得成果。

如果感觉"会议太多""会议时间太长"，不妨想一想有没有"替代的方法"。以报告为主的会议或许可以通过邮件来代替，甚至有一些会议是根本没有必要举行的。

时刻思考"这样会不会变得更轻松"，这是对工作进行改善的第一步。

"有没有感觉困难的地方？"

对一个拼命工作却难以取得成果的人提出这个问题往往能够取得很好的效果。

假设有一名员工总是无法在规定时间内完成工作，这样的人不但容易感到焦虑，还会变得孤僻、自闭。

在这个时候，试着问他"有没有感觉困难的地方"。或许他最初的回答是"没什么……"，但至少能够向他传达出"我关心你"的信息。

接着可以向他提出"这样做能够更轻松一些"的暗示。如果他需要花费多余的时间拿取零件的话，可以建议"将零件放在更近的地方试试"。

对于个人来说，与其说"提高生产效率"，不如说"让工作变得更轻松"更有效果。如果你的建议真的使他的工作变得更加轻松，解决了他的烦恼，那么他一定会对你敞开心扉的。

2

创建标准

如果没有一个统一的标准，品质和生产效率
都将出现波动。丰田就有统一的"标准"。

"我们不知道问题出在哪里。怎样才能找出问题所在？"

接受指导师指导的企业经营者和管理监督者经常会提出这样的问题。

所谓"标准"，指的是当前最优的工作方法与条件。员工应该按照标准来进行工作。简单来说，就是"按照这个方法来工作，工作就会进行得非常顺利"。

只要遵守标准，不管换任何人来工作都能够取得同样的成果，因此能够保证稳定的品质。

具体来说，工作手册和工作顺序等都属于"标准书"。

比如要将某零件的螺丝拧紧这项作业，如果只是说"牢牢拧紧"，那么"牢牢"的标准就因人而异。有的人可能真的拧得很紧，而有的人则拧得不那么紧，这就容易出现品质问题。

但是，如果制定出"拧紧直到听见'咔嚓'一声"的标准，那么不管谁来进行这项作业都能保证螺丝被拧紧。标准就是让任何人都能够取得同样成果的体制。

指导师小仓良也指出"没有标准是导致无法发现问题点的最大原因"。

"我在一家企业进行指导的时候，这家企业的工厂长感慨地说

　　　　　　　　　　　　　丰田每天都在坚持的习惯

'根本不知道问题存在于何处'。我让他带我去参观一下工人工作时的情况，发现年轻的员工经常出现失误，导致生产线不得不被迫停止。工厂长见此情景很无奈地说：'他水平还不行……而且体力也很差。'"

"我立刻反驳道：'工厂长，错误并不出在他身上。你们的工作顺序有问题。这正是需要改善的问题点。'就算年轻员工水平欠佳，但失败的主要原因还是在于没有一个让任何人都能够取得成果的标准。所以，首先应该制定这样的标准并且让所有人都按照标准来进行工作。"

有了标准，就很容易发现问题所在。比如员工在拧螺丝的时候没有听到咔嚓声。如果标准是"拧到听见咔嚓声为止"，那么这个员工的操作就不符合标准，结果就会导致产品出现问题。由此可见，如果有标准就很容易发现问题，反之则很难发现问题究竟出在什么地方。

丰田因为有一套非常完善的作业标准，所以任何人都能够很容易地发现问题，从而做到防患于未然。

标准中必不可少的3个要素

在丰田的标准之中，必然包括以下3个要素：

① 顺序（工作的先后顺序）

② 关键点（决定工作成功与否的关键点）

③ 成为关键点的原因（这样做的根据与背景）

所谓"关键点"，换个说法就是保证工作能够顺利进行和成功的直觉与技巧，在生产现场又被称为"窍门"。

标准必须包括工作的顺序、关键点，以及关键点的根据与理由。

假设"将软管安装到零件上"这项作业有一道工序是"将软管塞进去"。

那么这道工序的关键点就是"旋转软管将一端塞进去5毫米"，原因是"这样做才能防止气体泄漏"。

如果将一端的5毫米处用夹子固定作为标准，就可以避免员工凭借个人的感觉来进行固定的操作，从而彻底防止出现气体泄漏的情况。当员工知道为什么要这样做之后，在进行工作的时候就会更加安心。

另外，标准手册的文字说明应该通俗易懂，让任何人都能一目

"工作手册"（标准）的示例

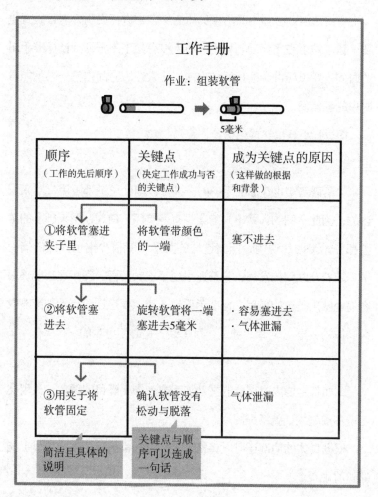

工作手册

作业：组装软管

5毫米

顺序 （工作的先后顺序）	关键点 （决定工作成功与否 的关键点）	成为关键点的原因 （这样做的根据 和背景）
①将软管塞进 夹子里	将软管带颜色 的一端	塞不进去
②将软管塞 进去	旋转软管将一端 塞进去5毫米	·容易塞进去 ·气体泄漏
③用夹子将 软管固定	确认软管没有 松动与脱落	气体泄漏

简洁且具体的
说明

关键点与顺
序可以连成
一句话

了然。如果关于标准的说明晦涩难懂，结果导致有人没看明白，那就失去了制定标准的意义。

"关键点"必须用简洁且具体的文字来进行说明，而且版式也要一目了然。在工作现场和生产线上没有坐下来仔细阅读标准手册的时间，所以标准手册最好做到能够让人在短时间内扫一眼就能看明白的程度。

指导师小仓良这样说道：

"菜谱其实也是标准手册的一种。以前的菜谱都是用文字来记述的，因此不同的人做出来的菜也有好有坏。但现在越来越多的菜谱都开始带图片说明，照着这样的菜谱做就很少出现失败的情况了。随着互联网的发展，甚至还出现了视频菜谱，现在谁都能够很容易地做出美味的料理。标准手册也一样，要想让所有人都能够取得同样的成果，'简单易懂、一目了然'是必不可少的。"

比如将重要内容部分的文字加粗或者加上醒目的颜色，只用文字说不清楚的话就搭配图片。

根据具体的情况还可以将整个工作过程都拍摄下来，让员工能够随时观看。

　　　　　　　　　　　　　　丰田每天都在坚持的习惯

将"关键点"可视化

任何工作都有顺序。但是，将工作顺序整理出来，使"关键点"可视化的工作现场却并不常见。

特别是比较个人化的办公室工作，每个人的工作顺序可能都不一样，这样一来就很容易导致"关键点"的"暗箱"化。

任何工作都有决定其成败的"关键点"。

比如制作企划书，"加入有根据的数据和数值"可能就是关键点，而对于不动产销售的工作来说，"把握客户的家庭构成、提出符合其需求的建议"可能就是关键点。

制定标准不但能够便于找出问题点，还可以让工作进展得更加顺利，切实地取得成果。

3

遵守规则是决定
成败的关键

POINT

"规则"如果不被遵守便毫无意义。在丰田，严格遵守规则是每一名员工的习惯。

在出现的问题之中，有一多半是过去曾经出现过的。丰田在发现问题后会通过改善来防止问题再次出现，即便如此仍然会有同样的问题反复出现的情况。

对问题反复出现的原因进行调查后会发现，绝大多数的问题都是因为"没有严格按照规则来做"，也就是没有遵守标准所导致的。

"只制定标准毫无意义，还必须让标准能够被坚定地执行。"指导师近江卓雄这样说道。

"以前，我所属的部门总是出现问题反复的情况，当时的上司立刻开展了'遵守规则活动'，让部门员工们严格遵守标准和规则。做法其实很简单，就是让管理监督者经常去现场进行检查，将其变成一种习惯，结果我们在重要工程中的残次品率大幅降低。"

遵守规则活动的关键点包括两个方面：

① 日常检查
② 定期检查

①日常检查就是由班长或组长等现场员工进行的每日检查。
②定期检查是由工长或科长等管理监督者按照一定的频率（比

如每周一次）对现场是否严格遵守标准进行检查。因为检查者不会提前通知现场自己要对哪项工作进行检查，所以现场每天都会认真仔细地工作。

绝大多数的问题，都不是因为标准有误或者普及标准的方法不对导致的，而是由于没有严格遵守标准导致的。

员工是否能够严格遵守规则，取决于管理监督者检查的严格度。

精益求精

指导师桥本互这样说道："制定出标准与规定并不意味着抵达终点，万事大吉。事实上这才是一切的起点。"

桥本互在丰田工作的时候，他负责的工程有一个柱子被工程车撞了一下，导致柱子表面的油漆脱落。

工程车撞到了柱子，可能因为工程车的行驶比较混乱、车速过快，也可能是车上的货物滚落下来撞到柱子，这都是安全隐患。万一在工程车和柱子之间刚好有人经过，那就会造成人员伤亡，而货物滚落下来撞到柱子可能使产品的品质出现问题。

于是桥本互在上司的建议下给柱子重新刷上油漆，并且每天检查柱子上是否有新的伤痕。如果柱子又出现了油漆破损和伤痕，那

"定期检查表"的示例

管理监督者定期前往现场检查员工是否遵守规则

工程巡回检查表

通过明确评价方法和评价基准,防止管理监督者的评价出现偏差

评价标准	评价分
没有表单	1分
没有做好公告	2分
运用不充分(比如没记录等)	3分
作为管理工具灵活运用	4分

（A工程）

	检查项目 (对象)	检查工具 (方法)	评价方法	评价分	备注
1	工作方法 顺序	工作手册& 实际作业	·是否按照工作手册的顺序 　和方法进行工作 ·出现变更时是否及时改正 　与活用		
2	工作时间 (周)	标准作业 组合表& 实际作业	·实际工作时间与规定工作 　时间是否存在偏差 ·标准作业表是否公开贴 　出来,是否对生产计划 　的变更进行了改正		
3	品质管理 状况	检查表& 良品率表	·是否遵守了检查基准(加工 　条件表了) ·是否完全把握了问题点并找 　出了对策		
12	人员&工程 配置	工程配置图	什么人负责什么工程要做到 一目了然		
13	5S实施状况	5S实施计划	现场的整理、整顿要做到位, 就连设备的内侧也要保持干 净整洁		
	综合评价分			/	

员工是否能够严格遵守规则，取决于管理监督者检查的严格度

就可能出现了问题。

桥本互回忆起这件事的时候说："那位上司的口头禅是'把任何人都能做到的事，做到任何人都做不到的层次'，也就是精益求精。"

"如果能够做到精益求精，就能够发现另外一个世界。丰田的工厂里因为将'5S'进行得非常彻底，所以在场地内根本看不见一点垃圾。这可以说正是精益求精的成果。

"有一天，一名员工在工厂的过道上发现了一个螺母。他很奇怪地问'为什么这地方有个螺母'，另外的员工提醒'可能是拖车上的零件掉了'。于是他对场地内的拖车进行了检查，发现确实有一个拖车轮胎上的螺母掉了。如果没有及时发现这个问题的话，很有可能因为轮胎脱落引发重大事故。"

只有精益求精，才能通过掉在地上的一个螺母发现问题的隐患，从而防患于未然。这件事也让我们重新认识到精益求精的重要性。

如果不及时进行整理、整顿就会导致40小时的无用功

关于精益求精的典型事例"5S"，我再详细地说明一下。

丰田每天都在坚持的习惯

所谓"5S"，就是"整理、整顿、清扫、清洁、素质"，通过彻底贯彻"5S"，可以让无用功都浮现出来，发现需要改善的问题点。只要将"5S"坚决地执行下去，就能够消除隐藏在工作之中的无用功。

如果办公桌上的资料堆积如山，想找出自己需要的资料就要花费不少时间。

或许每次找资料的时间不是很长，但这些时间累积起来就会造成很大的时间浪费。

假设每天花10分钟的时间找资料，那么一周就是50分钟，一个月就是200分钟，一年就是2400分钟（40小时）。因为在这些时间里没有创造任何价值，对生产效率会造成巨大的负面影响。

整理、整顿就是扔掉不要的东西，将有用的东西放在固定的地方，便于迅速地取用。尽管这只是一个非常简单的规则，但是要做得彻底就一定能够极大地提高生产效率。

在大家的职场之中是否存在被忽视的规则呢？规则和标准只要被制定出来，就应该严格遵守，因为只有这样才能够切实地取得成果。

4

将工作分为
3部分

POINT

你正在做的工作之中也隐藏着无用功。通过
将工作分为3部分可以找出这些无用功。

虽然被统称为"工作",但其实在工作之中也存在能够创造附加价值的工作以及不能创造附加价值的工作。

丰田有将工作分为以下3部分的习惯。

① 正式作业

② 附属作业

③ 无用功

①正式作业,指的是能够提高附加价值的作业。对生产现场来说,对材料和产品进行加工,对零件进行组装等都属于正式作业。对办公室工作来说,制作企划书时用计算机制作企划书的作业就是能够创造附加价值的正式作业。

②附属作业,指的是虽然不能直接创造附加价值,但在现有作业条件下必不可少的作业。比如在生产线上,打开零件的包装,将零件拿取出来的行为就属于附属作业。对于办公室来说,制作企划书之前收集信息就属于附属作业。

即便是现在必不可少的作业,但只要找对方法,就可以将其作为无用功消除,这也是附属作业最大的特征。

③无用功,正如字面意思所说的一样,属于多余的作业。

发现潜藏在工作之中的"7个无用功"

丰田所说的无用功，指的是"不能提高附加价值的现象与结果"。对于生产现场来说，"不能创造附加价值，只能提高成本的生产要素"就是无用功。

比如等待零件送达的等待时间，反复拿取工具和零件的往返都属于无用功。

丰田的改善活动，目的就是消除这些无用功。

丰田在开始工作或者对作业进行改善时，首先要做的第一件事就是将工作分解为正式作业、附属作业、无用功这3部分。这已经成为丰田每一名员工的工作习惯。

你也可以试着通过自问自答"我进行这项工作的目的是什么"，来将自己的工作分为3部分。然后，你就可以将浮现出来的无用功彻底消除。这样一来，你不但能够提高工作的效率和品质，还可以将工作变成没有无用功的高附加值工作。

比如在制作企划书的时候，将为了确认内容而四处寻找上司、制作几乎不会有人看的附加资料等无用功彻底消除，就可以提高工作的附加价值。

另外，丰田为了发现无用功，会通过以下7个视角来对工作进行分析。

①过度生产的无用功

②等待的无用功

③搬运的无用功

④加工的无用功

⑤库存的无用功

⑥动作的无用功

⑦不合格品？返工的无用功

丰田将上述内容统称为"7个无用功"，通过对这些项目进行观察就很容易发现无用功。

当然，并不是所有的无用功都能被归类于上述7个无用功之中，但只要将精力集中在"这项作业的动作有没有无用功""这项作业是否存在搬运的无用功"等项目上，就会很容易发现无用功。请大家一定要试一试。

潜藏在工作之中的"7个无用功"

1　过度生产的无用功

生产了多余的产品，或者太早生产出产品
例：只需要3份资料却复印了10份。

2　等待的无用功

作业者无法进入下一道工序，被迫处于什么都不能做的状态
例：前工序的数据没有及时发送过来，导致无法制作企划书。

3　搬运的无用功

无法创造附加价值的移动、搬运、信息传递等
例：需要多次往返于工位和复印机之间；
　　明明没有必要却仍然多次与上司确认信息。

4　加工的无用功

对品质没有任何贡献的不必要的加工
例：公司内部使用的资料却做得十分精美。

5　库存的无用功

没有必要的完成品、零件以及材料等库存
例：订购后第二天就能送到的办公用品，仓库里却有一个月的用量

6　动作的无用功

不会创造附加价值的动作。
例：伸手拿取材料的动作，为了拿取零件而弯腰蹲下的动作等。

7　不合格品？返工的无用功

必须扔掉的东西以及为了修理而返工的工作
例：再次出现与一周前同样的错误。

5

不能对"脏东西"置之不理

POINT

小问题如果积累起来就会变成大问题。对"脏东西"置之不理，会导致其发展成为大问题。

有"脏东西"的地方隐藏着需要改善的问题点。

比如地面有油点，这说明附近某台设备可能漏油。如果对这个问题置之不理，那么可能会导致设备停止，或者有人踩在油污上滑倒。

另外，如果对掉在地上的碎屑和边角料置之不理，那么这些碎屑和边角料有可能会掉进设备的缝隙中导致设备出现故障。

"脏东西"是问题与故障的前兆。

指导师井上陆彦说道："我在涂装部门工作的时候，有过将白色的工作服换成蓝色的经历。"

有一种用来防止漏水和增加气密性的密封胶泥，这种胶泥在进行涂装作业的时候很容易粘在工作服上。但是这样的话胶泥就有可能随着作业工人的行动粘在其他零件上，所以必须想办法避免胶泥粘在工作服上，一旦不小心粘上了应该及时清理干净。

因为这种胶泥是白色的，所以如果穿着白色的工作服就很难发现胶泥，导致无法及时发现问题。于是井上陆彦所在的涂装部门将工作服统一换成了蓝色，这样就很容易发现是否有胶泥粘在身上。

眼睛看不见的地方很容易变脏

指导师滨崎浩一郎指出，"眼睛看不见的地方很容易变脏"。

"人都有展示的欲望，所以总是将外人能看见的地方弄得干干净净。但同时，眼睛看不见的地方就很容易变脏。我在丰田进行现场检查时，会重点检查橱柜和文件柜。如果钻头等工具被杂乱地堆放在柜橱里，而且出现磨损等情况，那么在使用这样的工具进行作业时就可能生产出残次品，也无法保证安全性。小杂乱有可能导致大问题。"

绝大多数导致生产线停止2~3小时的大问题并不是突发的，而是因为没能及时地发现像脏东西那样的小问题，这些小问题不断地积累最后引发了大问题。

当排查大问题的真因（引发问题的真正原因）时，往往会发现最根本的原因是像螺丝松动之类的小问题。这些像雨后的春笋一样不断生发出来的小问题必须及时发现并加以解决。只有彻底解决小问题，才能保证不会出现大事故和生产线长时间停止的情况。

指导师滨崎浩一郎就有过这样的经历。

"丰田的工厂里曾经出现过因为机器人撞到闸门，导致生产线长时间停止的生产事故。追查真因发现，导致事故发生的原因是控制闸门开关的气缸的连接部分有一个螺栓松动了。也就是说，即便只是一个小小的螺栓，如果长期对其置之不理也会引发导致生产线停止的大事故。但同时这也意味着，只要坚持每天对螺栓进行检查，就可以避免同类的事故发生。"

指导师中上健治这样说道。

"生产线的短时间停止被称为'卡顿'。如果设备出现故障，却不知道故障原因的话，最常见的解决办法就是按下重启按钮，让设备再次运转。但是，如果卡顿重复出现却不采取任何解决办法，那么最终一定会引发生产线长时间停止的大问题。

"微小的设备故障是设备发出的求救信号。微小但频发的故障必须及时解决，否则必将会发展成难以处理的大问题。"

现在丰田已经不再用"卡顿"这种说法，而是将该现象称为"频发停止"（微小但频发的现象）。因为作业人员对于"卡顿"往往不够重视，导致无法及时发现和解决问题。

在办公室里，如果不及时对办公桌进行整理和整顿，让文件与资料在办公桌上堆积如山，很有可能导致重要资料丢失，或者为了寻找需要的文件花费大量的时间。

如果电脑桌面上的文件夹太多，就需要在大量的文件之中聚精会神地寻找所需的文件，还有可能不小心将错误的文件发给客户。

除了一眼就能看见的地方之外，抽屉和橱柜里面也应该及时地进行整理和整顿，这样才能避免出现问题，防止在无用功上浪费时间。

6

及时停止工作

POINT

出现问题时如果坚持继续工作，必然会给某处带来负面的影响，应该及时停止工作解决问题。

在丰田坚持贯彻的习惯之中，有一个叫作"拉灯绳"的习惯。

丰田的生产线上有一个出现异常就点亮警示灯的机制，每一个作业人员的工位上都有一条灯绳。

一旦发现异常，作业人员必须拉下灯绳点亮警示灯使生产线停止。

当警示灯亮起的时候，现场的上司会立刻前来解决问题。如果解决问题需要长时间停止生产线的话，所有相关人员都会及时赶来。如果是模具设计有问题，那么现场的管理监督者会与模具的设计者和生产者等相关人员立刻围绕出现问题的模具寻找引发问题的真因，并且讨论解决办法。当问题解决之后才会再次启动生产线。

丰田将这种"出现异常立刻停止设备和生产线"的机制称为"自动化"。

曾经在丰田负责维保作业的指导师中上健治在阐述"停止生产线的重要性"时这样说道。

"负责维保的工作人员必须在生产线出现故障停止的时候第一时间赶到现场，确认出现问题的现场状况。就像警察要破案也需要保护犯罪现场一样，如果生产线没有及时停止，就没办法找出真因。在出现故障的现场肯定残留着解决问题的线索和引发问题的真因的痕迹。"

这部分的关键就是通过拉灯绳来让生产线停止，然后才能找出问题的真因。

当前一个时间点上出现问题，意味着真因一定存在于到前一道工序为止的流程中。如果等整个工序流程都走完了才发现问题，那要想寻找真因就必须对整个工序流程都进行检查。这样的话势必会耗费更多的时间和精力。

出现问题及时停止生产线，可以使维保人员作出"真因似乎存在于A工序与B工序之间"的推测，也就是说能够更高效地找出解决问题的方法。

上司要能够容忍"坏消息"

不只停止生产线，出现问题马上向上司汇报也是丰田的习惯之一。越是坏消息越要优先汇报，这就是丰田的"坏消息优先"规则。

这样做的理由与停止生产线一样，如果对问题和故障置之不理，那么问题就会变得越来越严重，最终可能发展为难以解决的大

出现问题后，"停止"工作能够创造附加价值

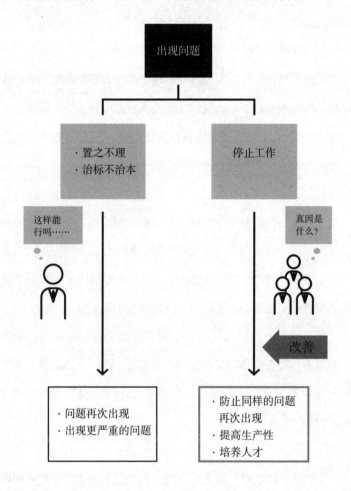

问题。

在问题刚出现的时候立刻向上司汇报并进行相应的处理，能够防止问题恶化。

"隐瞒坏消息"是人类的普遍心理。但绝大多数的情况下，在自己想办法解决的时候，问题往往会发展成难以解决的大麻烦。

OJT Solutions的专务董事森户正和指出，"要想在职场之中实践'坏消息优先'的规则，上司的度量十分关键"。

"人类难免会在工作中犯错，所以在出现问题之后及时地解决问题非常关键。发现问题应该及时汇报，如果没有及时汇报就很容易产生'我能不能想办法自己解决''这件事要是让上司知道了他一定会生气的'之类多余的顾虑，结果越发不敢汇报。

"员工需要及时汇报问题，上司则需要拥有容忍坏消息的度量，绝对不能在听到坏消息的时候大发雷霆。在听到坏消息时上司最好的应对态度是'感谢你将这个消息告诉我'。身为上司必须有这样的胆识才行。"

"不想听到坏消息"是人之常情，但如果上司也不愿意听到坏消息，就会让部下不敢报告问题，导致问题变得难以处理。趁问题还不严重的时候解决掉，不管对上司还是对职场来说都是利大于弊的。

只要转变一下思路，从"拒绝坏消息"变为"欢迎坏消息"，就可以使组织的沟通变得更加顺畅，使问题更容易得到解决。

对敢于汇报问题的人说声"谢谢"

丰田在要求上司以积极的态度对待坏消息的同时，还要求上司不能将责任算在个人的头上。

在丰田，拉灯绳停止生产线的人不但不会受到批评和责骂，反而会因为他及时地发现问题并拉灯绳而得到上司的感谢。

如果员工在拉灯绳之后立刻遭到上司的怒吼"你都干了什么"，那员工以后就会倾向于隐瞒问题。如果遇到问题后员工的第一反应是"这点异常没问题吧""应该不会被发现"，对问题置之不理，那就很有可能在后一工序出现严重的问题。

让容易被隐瞒的失败暴露出来的秘诀就是不要将责任归咎于当事人，而是将注意力集中在引发问题的原因上。

一名员工引发的问题，也同样可能出现在其他任何员工身上。

所以上司的工作不是将责任归咎于个人，而是思考让同样的问题不再出现的对策。

正因为了解人类喜欢隐瞒坏消息的天性，所以在丰田的现场有这样一种习惯，那就是鼓励将失败与故障公开出来，然后以此为基础思考防止其再次发生的对策。这种习惯总结成一句话就是"责不在人，而在体制"。

也就是说，出现问题的时候，责任不在于当事人，而在于让当事人出现失败的体制，所以关键在于对体制进行改善。

7

工作从"寻找问题"开始

不正视问题，问题一定会再次出现。关键在于否定现状。

在丰田现场常说这样一句话："'没有问题'就是最大的问题。"乍看起来似乎毫无问题的工作和职场之中一定存在问题。通过发现和解决问题，能够使生产效率得到进一步的提高。

因此丰田要求员工"时刻对'现在的工作方法是否是最佳的'保持疑问"。

但一般来说，人们往往认为"问题"是麻烦的东西而对其敬而远之。

解决问题的原则是找出引发问题的真因，然后将其解决。如果不这样做就容易陷入治标不治本的陷阱，使同样的问题重复出现。

很多企业在遇到问题的时候往往意识不到应该找出真因，没有采取能够防止问题再次出现的根本方法，而是采用增加检查人员这种治标不治本的方法。

增加检查人员，或许能够在问题对客户造成影响之前及时发现。但是，如果不能从根本上消除引发问题的原因，那么同样的问题就会再次出现。当问题再次发生之后再增加检查人员……这岂不是陷入了恶性循环？

出现问题就找出真因并且将其解决，只有这样才能够提高工作的质量。从这个意义上来说，问题并不是"麻烦的东西"，反而是提高生产效率的"宝库"。

解决问题是丰田员工必不可少的习惯

曾在丰田的人事部门之一"丰田学院"负责国际人才培训项目，现在担任OJT Solutions专务董事的森户正和这样说道："每天坚持解决问题的实践，可以说是丰田员工最重要的习惯。"

丰田在2001年发表了"让每个人都找到工作的意义"的"丰田之路2001"。在践行丰田基本理念的同时，也提出了全世界的丰田人应该拥有怎样的价值观与态度。为了将"丰田之路2001"的理念普及下去而成立的人才培训组织就是丰田学院。

"丰田之路2001"包括"智慧与改善""尊重人性"两大支柱，分别揭示了以下5个价值观。

【智慧与改善】

①挑战

②改善

③现地·现物

【尊重人性】

④尊重

⑤团队合作

总结起来就是，永远不满足于现状、为了追求更高的附加价值而不断思考。尊重所有的利益相关者，将员工的成长与公司的成果联系在一起。

森户正和这样说道：

"我在以'丰田之路2001'为基础进行人才培训的时候，发觉到这5个价值观全都存在于解决当前问题之中。将问题明确化、利用现地·现物查明真因、上司和部下相互尊重发挥团队合作的力量不断进行改善。可以说解决问题的实践是对'丰田之路2001'的一种完美体现。不满足于现在的工作方法，积极地发现问题解决问题，这对于丰田员工来说是必不可少的习惯。"

否定现状

如果长时间采用同一种工作方法，那么就算存在问题也会将其视为理所当然的情况而不予解决。

牢记"任何工作都存在问题"的习惯非常重要。

指导师杢原幸昭认为"要时刻拥有改变现状的意识"。

他在丰田工作的时候，有一位被调到合作企业后又调回来的领导，这位领导在回归后召开的第一次会议上这样说道：

"这会议的内容和我几年前离开时相比完全没有任何变化。如果这会议是例行公事的话就别开了！"

或许这位领导因为在经营环境十分恶劣的合作企业工作过，所以才要求这么严格吧。尽管大家都被这位领导的发言吓了一跳，但自己确实没有带着问题意识来参加会议也是不争的事实。

从此以后，大家对会议的内容进行了非常详细的准备，并且对工作方法和指标等都重新做了调整。只留下真正有必要的会议，将虽然成为惯例但却没有必要的会议取消掉。

对于每天都在做的工作，一旦习以为常就算出现了问题也难以发觉，所以否定现状的意识绝对不能少。

标准也不例外。

标准并不是永远不变的规则，只是将现状做进一步改善，实现更好状态的过程中的阶段总结。从这一点上来说，标准与在现状下绝对不能擅自更改的工作手册有着巨大的区别。

指导师中上健治这样说道："今天的标准不是明天的标准。"

"丰田的'标准'分为两种：一种是'表准'，另一种是'标准'。'表准'是到目前为止现场采用的，当前时间点最佳的状态；'标准'则是现场的员工发现的新方法，也就是所谓的规则。标准并不是一成不变的，而是为了让工作变得更好而不断改善的。"

在任何职场之中都有被当作理所当然的事情而常年重复的工作方法。但这真的是最好的方法吗？保持对现状的否定，不断地摸索新的方法，只有这样的职场才能提高生产效率，提高附加价值。

※想了解"解决问题的方法"详细内容的读者请参考拙著《丰田的问题解决》（*KADOKAWA*）。

8

改变单位

POINT

如果问题太大很容易使人陷入思考停止的状态。通过将大问题分解为小问题，可以使改善变得更加容易。

如果要解决的问题太大，很容易让人感到无从下手，就好像前面挡着一面高墙一样。

丰田常说这样一句话，"改变位数"。

假设现在的残次品率是5%，领导下达指示要求"降低到0.5%"。这就是改变位数的改善。

将残次品率从5%降低到0.5可不是件容易的事，仅凭个人的力量无论如何都做不到。

指导师村上富造说道："要想实现改变位数的改善，最有效的办法就是将数字分给拥有丰富经验的现场负责人。"

"A君的工序请降低1%""B君的工序请降低1.5%"，像这样将改善的指标分给现场负责人。也就是将大问题细分化，从而使目标数字变得能够实现。

如果直接提出"降低到十分之一"的要求只会遭到对方的拒绝，但将数字分给各个工序的负责人，反而能够激起他们的竞争欲望。只要这个数字不太离谱，那么对方一定会想尽办法将其实现。

综上所述，要想实现改变位数的改善，拥有丰富经验的现场人才与对其进行管理的人才缺一不可。

将"分单位"变为"秒单位"

将单位变小，可以使改善变得更加容易。

如果对几乎没有什么多余时间的生产线员工提出"将20分钟的作业时间再缩短1分钟"的要求，那么员工肯定会一瞬间陷入思考停止吧："现在都勉强完成的工作，怎么可能再缩短1分钟呢？"

在丰田的生产现场，员工拥有并非以"分单位"，而是以"秒单位"进行思考的习惯。

比如将20分钟的作业时间变换为秒单位的话就是1200秒。那么在这1200秒之中，如果先提出"缩短1秒"的要求，那么员工肯定会很容易想到改善的提案。

因为丰田有"1秒走三步"的基准，所以如果员工拿取零件需要走三步的话，那么对这个过程进行改善就能够实现缩短1秒的目标。通过将工作按照"秒单位"进行细分，就可以很顺利地将改善落到实处。

如果某个工作现场迟迟无法实现改善，并不是因为"员工没有改善的热情"，绝大多数的原因都是"目标没有落实到能够进行改善的层级上"。

指导师井上陆彦在对某公司进行改善指导时，发现这家企业的工作现场完全没有改善的习惯，员工们对于如何发现问题也毫无头绪。于是井上陆彦对现场的员工们说"今天来关注一下你们的行动情况"，并且用摄像机将现场的工作内容都录了下来，结果发现员工们的正式作业只有10%。在绝大多数的时间里，员工们都在重复到很远的地方去拿零件，然后慢悠悠地走回来进行组装之类的行动。

简直不知道他们来公司究竟是为了制作产品还是为了散步。

通过关注行动情况，不仅同事，就连员工本人都意识到了问题。由此可见，通过掌握知识和技巧，可以更容易地发现需要改善的问题点。

将工作流程细分化

办公室工作也可以通过将工作流程细分化来提高生产效率。

比如对一名刚参加工作的销售负责人提出"这个月要达到100万日元的销售额"的要求，他会因为不知道具体应该怎么做而导致思考和行动都陷入停滞。

但是，如果将销售流程细分化，结果就不一样了。

丰田每天都在坚持的习惯

通过将工作细分化找到改善点

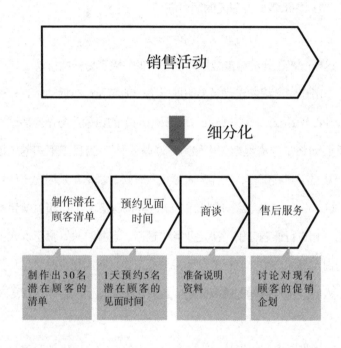

销售活动

细分化

| 制作潜在顾客清单 | 预约见面时间 | 商谈 | 售后服务 |

| 制作出30名潜在顾客的清单 | 1天预约5名潜在顾客的见面时间 | 准备说明资料 | 讨论对现有顾客的促销企划 |

将"大块"的工作分解之后更容易发现问题

"制作一份潜在顾客清单。"

"1天预约5名潜在顾客的见面时间。"

"1周内取得25万日元的销售额。"

这样一来工作的难度显然降低了不少，更容易开始行动了。

丰田在20世纪90年代后半期推行了一项名为T-KI活动（Toyota Knowledge-intensive-staff Innovation）的白领业务革新活动。这项活动将工作流程细分化称为"课题分解"。当员工不知道应该从何处着手开展工作，工作陷入停止的时候，基本都是因为工作处于"Chunk（大块状）"的状态。在这种情况下，上司和前辈会和员工一起进行课题分解，决定业务的顺序。这样一来，员工本人就会明白自己应该按照怎样的顺序来进行工作。同时也会将员工从独自一人解决工作问题的疏离感之中解放出来，使团队合作变得更加活跃。

通过将工作流程细分为比较容易开展的单位，可以使改善进行得更加顺利，从而实现生产效率的提高。

CHAPTER

第 2 章

提高"现场力"
的习惯

1

根据"现地·现物"进行讨论

POINT

会议室的讨论和资料之中往往隐藏着"谎言"。只有养成到"现场"观察的习惯才能发现真正的问题和解决办法。

正如前文中提到过的那样，丰田有个词叫作"现地·现物"。

在"亲眼确认现场才能发现真实情况"这一思想的指导下，每当出现问题的时候，丰田的员工都会亲自赶到现场对出现的问题以及产品本身进行确认，然后才做出判断。因为仅凭会议室中的讨论和资料数据看不出真实的情况。

当出现问题的时候，听取他人的汇报固然重要，但因为人类都有自我保护的本能，所以不一定会将真实情况百分之百地说出来，有可能将事实歪曲为对其自身有利的内容。

但位于现场的现物（商品·产品）却绝不会说谎，只要看到现物就能知道实际情况究竟是怎样的。所以，丰田的上司绝不会完全依赖部下在会议上的报告，而是通过亲自去现场确认现物的情况，把握究竟发生了什么。

有一位丰田的领导，听说附近工厂中负责维保的员工在工作时受了伤，虽然当时已经很晚了，但他还是立刻赶往现场。他想知道员工究竟是在怎样的状态下作业，于是亲自钻到发生故障的那台设备下面，对员工的工作"现场"进行确认。他认为通过自己的亲身感受能够发现更多线索。

结果他发现设备下方的地面满是油污，维修空间一片昏暗什么也看不清。于是他立刻对现场负责人下达了这样的指示："在这样阴暗狭窄的空间里作业难免会发生事故，立刻想办法解决。"

通过这件事可以看出，在员工时代养成的确认现地·现物的习惯即便在成为领导之后也仍然深深地根植在他的心中。

"现物"是发现改善的宝库

丰田因为有确认现地·现物的习惯，所以将"现物"看作是发现改善的宝库。

指导师中上健治这样说道："出现故障的现物，在找出真因之前都不能扔掉，这是丰田的规则。"

"出现重大故障的零件之中，隐藏着解决问题的重要线索。虽然对于现场的员工来说出现故障的零件很影响心情，谁都想赶紧将其处理掉，但绝对不能意气用事。以前曾经出现过领导让擅自扔掉故障零件的员工去废品处理场将零件重新捡回来的情况。

"在找出问题的真因之后才能将现物处理掉，但在那之前现物都必须被展示在工厂中最显眼的地方。这也算是一种无声的警示吧。当然，这样做的目的并不是为了惩罚当事人，而是为了让所有人认识到在'现物'之中隐藏着改善的线索。"

指导师近江卓雄也这样说道:"在现物之中有很多表面上看不出来的改善的线索。"

"我在丰田工作时,有一天上司对我说'去废品处理厂看一看'。一开始我没搞明白上司是什么意思,但实际去看过之后才发现,那里有很多残次品。当时的现场管理没有现在这么完善,现场员工能够将残次品直接扔掉。

"按照规定,如果出现残次品,现场员工必须向上司提交书面报告。可能有人觉得这样做太麻烦所以就直接将残次品扔掉了。上司应该是看出了问题所以才对我下达了这样的指示吧。实际上,这些被扔掉的'现物'是改善的宝库。"

在个人工作很容易"黑箱"化的办公室工作中,"现地·现物"的态度也很重要。

不要过分依赖当事人的报告,亲自前往出现问题的现场才是获取直接知识的最好方法。这样做才能找出在部下的报告中看不出来的真因。

比如出现客户投诉,部下报告说是商品的品质有问题,但到现

"现地·现物"是改善的宝库

现地	现物
销售现场 （与部下同行）	提供给客户的 重要资料
商品销量不佳的现场 （顾客的声音）	顾客不满意的 商品的现物

根据从现地·现物获得的信息，
可以接近问题的本质，
找出打破僵局的解决方法

场查看之后可能会发现真正的原因是部下的服务态度不好。

如果有可能的话，最好与部下一起直接和顾客面对面地沟通。这样做才能更接近问题的本质。

将"现物"带到会议室

"现物"对部下来说也是提高信心的好帮手。

指导师中上健治说道："在向上司报告的时候，用现物做展示效果更好。"

"出现问题之后必须向上司进行汇报，但如果没有'现物'要想将事情解释清楚就很麻烦，还要花费很多时间。为了避免出现这种情况，可以将'现物'带到会议室去，这样的话不管是出现了什么问题，还是采取怎样的对策全都一目了然。双方也省去了互相确认细节的无用功。所以，只要是能带进会议室的'现物'就一定要带进去。从这个意义上来说，'现物'绝对是个宝贝。"

"现物"在做报告的时候也能发挥出巨大的效果。

比如新商品开发会议，不管说明人如何用文章和语言来对新商品进行说明与介绍，都很难将具体的印象传达给参加者。如果是一个全新的商品的话那这种情况就更明显了。而且如果无法让参加者产生共鸣，那么新商品的开发就很容易遭到反对。

在这种时候，准备一个样品（哪怕是手工制作的简单样品也好），或者展示设计图，让商品的印象更加清晰和明确，可以让你的产品更容易获得大家的支持。

能够在工作中取得成果的人都很重视"现物"。

丰田每天都在坚持的习惯

2

创建"想犯错也做不到的体制"

将过错都归结到个人身上很简单,但丰田的习惯却是"责不在人,而在体制"。

在职场之中，不管怎么提醒"需要注意"，仍然有不被遵守的规则存在。

比如"做不到职场的整理·整顿""准备的资料明显不足"……像这样的问题究竟应该如何解决呢？

解决问题的方法分为2种：

①人治的对策

②物治的对策

①人治的对策指的是建立规则、对人员进行培训和教育，使其遵守规则。

②物治的对策指的是创建一个不得不遵守的体制。

丰田有一个名为"预防出错"的物治的对策。这是一个防止生产线出现作业错误的体制或装置。一旦员工的工作顺序出现了错误，生产线就会自动停止。这样就能避免因为员工的作业错误而生产出残次品。

指导师中田富男这样说道："要想防止问题再次出现，不能只靠人治的对策，采取物治的对策也非常重要。"

中田富男在丰田工作的时候，他所在的部门因为没有严格贯彻

"走路时不允许将双手插在口袋里"的规则，导致经常出现摔倒受伤的事故。当然，部门已经制定了"走路时不能将双手插在口袋里"的规则，而且也进行了相应的培训和教育等的对策，但并没有取得预想中的效果。

于是中田富男所在的部门决定采取物治的对策，在3个月内将所有员工工作服的口袋都缝死，让他们没办法将手放在口袋里。因为口袋被缝死，就算想将手放进口袋里也放不进去，所以员工们也就养成了不将手放进口袋里的习惯，等3个月之后即便再次解开口袋，大家也习惯成自然地不将手放进口袋里了。

与此同时，在人治的对策方面该部门也采取了更加严格的措施。不管职务辈分高低，只要看到有违反规则的人，任何人都可以大声地提醒他"不要将手放进口袋里"。因为部下也可以警告上司遵守规定，所以该部门形成了严格遵守规定的部门文化。

不能过于偏向于人的对策

我再举一个物治的对策的例子。

在指导师中田富男工作的现场，允许员工在两条生产线之间相隔的通道处通行。但升降机之类的小型车辆也在这条通道上同行。

结果就经常出现急于上厕所的员工因为速度太快在通道处撞上升降机等车辆而受伤的事故。尽管在通道的出口处贴了"注意安全"的警示语也没起到什么效果。

于是现场采取了物治的对策，在通道出口处做了一个拐角。这样一来不管是人员还是车辆在拐角处都必须减速慢行，从而在物理上限制了事故的发生。因为不能速度太快，所以大家都自然而然地变得慎重起来。

一般来说在解决问题的时候，往往都习惯于偏向采取人治的对策。当同样的问题再次出现时，就责备人员"为什么不遵守规定"。

但丰田有句话叫作"责不在人，而在体制"。也就是说，不能只责备不遵守规则的人，还要思考为什么不能建立起让人严格遵守规则的体制。

在偏向于人治的对策的职场之中，用于提醒和警示的标语随处可见。但这只能说明该职场没有在问题发生后采取根本的对策而是偏向于人的对策，或者不能严格遵守规则。大家的职场是什么样的呢？事实上，提醒和警示标语的数量，可以看作检测职场水平高低的指标。

利用"固定位置"彻底进行整理·整顿

你的职场是否也偏向于采取人治的对策呢？其实，在采取人治的对策的同时也采取物治的对策，可以预防很多事故。

比如某种资料的内容经常出现缺漏，这就是因为制作资料的方法太依赖于个人而产生的问题。要想解决这个问题，最好的办法是制作一个统一的资料格式，将应该填写的项目内容都尽可能地罗列出来。这样一来如果有项目空着，制作资料的人一眼就能看出来出现了缺漏，也更便于上司进行检查。

如果能够在资料中加入一些提醒，比如在申请资料中加入"是否添加了发票""是否申请了经费精算表"等备注，在订货单中加入"提交资料的同时给A仓库（Tel：03-×××-××××）打电话"等内容，就可以防止出现不小心忘记重要行动的情况。

另外，办公用品和公共工具经常丢失的情况也可以通过物治的对策来防止。

丰田要求所有的公共工具都要摆放在固定的位置，这样一旦有人拿走了工具但没有归还的话就可以一目了然，不仅能够防止出现丢失的情况，还有助于职场进行整理、整顿。

采取物治的对策来防止资料出现缺漏

<申请资料物的对策示例>

顾客恳亲会费用申请·结果报告表

	顾客名
	○○商事

分类 ※圈出 （预算上限）	商品A （150千日元 以内）	商品B （50千日元 以内）	商品C （100千日元 以内）	商品D （250千日元 以内）

计划·申请			

日期	2017 年 12 月 12 日（火）		

	顾客（姓名·职位）	己方（姓名）	参加人员
恳亲会	○○商事株式会社 XX部长	铃木	顾客　5　名 己方　3　名 共计　8　名
其他	给顾客的礼物等		

	预算	石川专务	所属长	营业	总务部
总额	10万日元				

实施结果（发票附加在经费精算表上）				

与计划有出入的情况下，将变更内容写上（日期、参加者等）

　　○○商事多来了一名顾客

实施状况

　　按照预定在12月12日于××亭举办

			酒井专务	所属长	营业·事务局	总务局
实际	9 名	12万日元				
共计		12万日元				

【备注】
□是否添加了发票　　□是否申请了经费精算表

物的对策的
关键

公用的资料在决定固定位置之后，应该在文件柜和书架上贴上写有"A商品的顾客列表""B商品的顾客列表"字样的标签。

这样不但可以使取用资料的人一目了然，同时还可以让对方产生"用完后必须放回原位"的意识。

人治的对策固然重要，但首先应该创建一个从物理上防止问题再次出现的体制。在采取物治的对策的同时采取人治的对策，才能使职场中的规则得到彻底的遵守。

3

坚持"自我主义"

遇到问题的时候，首先应该尝试自己解决。
因为在解决问题的过程中可以使人获得意料
之外的发现与成长。

在丰田汽车年产量大约500万辆的时候，时任社长的张富士夫就提出到2005年要将产量提高到800万辆的目标。

即便对于丰田来说，将产能提高300万辆也不是一件简单的事。从常识的角度来说，这是一个很难实现的目标。

有的公司或许会想出这样的办法，只要通过M&A（企业的合并与收购）收购一个年产量300万辆汽车的企业就行了。但丰田现场的想法却是"怎样才能使产能增加300万辆"。也就是说，丰田根本没有考虑过M&A这种办法。

现在丰田在AI（人工智能）等尖端科学领域也面临着是完全自主研发还是对有前途的企业进行投资的选择，但不管怎样，丰田绝对不会采取直接收购相关企业的方法。即便是身为丰田子公司的大发工业和日野汽车，其实丰田早就持有该企业的股票，并且在许多层面上进行过人才沟通和技术合作，相互之间已有过长时间的接触。

丰田这种"自我主义"的习惯，可以说是从丰田汽车工业的创始人丰田喜一郎"用自己的双手制作国产汽车"的理念一脉相承下来的。

在解决问题的过程中成长

丰田现场的员工也将"自我主义"当成一种习惯。

比如当员工发现机械设备状态不佳的时候，一般企业的做法是立刻找专业的维保人员来进行检查。但在这个过程中就无法进行任何生产活动，只能等待。

在丰田的现场，员工会尝试自己对设备进行修理。当然，也有自己实在修不好只能找专业维保人员的情况，但只要是不严重的小问题，员工都能自己搞定。

在进行改善的时候，自己能做的东西就自己做，这也是丰田的习惯。

如果工具因为摆放比较混乱，经常出现丢失的情况，那么员工就会在使用工具的现场自己制作一个用来放工具的架子解决这个问题。在丰田积累了丰富经验的指导师之中，很多人都有"经常去逛百元店"的习惯。因为百元店之中充满了能够将改善的创意具体化实现的宝贝。像简单的工具架之类的东西，只要用百元店里的材料完全能够做出来。

自我主义还有在解决问题的过程中学习经验实现成长的好处。自己修理机械设备能够发现"原来这台设备的工作原理是这样的啊"，从而获得"这样使用能够减少故障""这样使用可以提高运转率"之类的新发现。

因此，丰田非常鼓励员工自己动手。虽然这种做法可能会导致当前的生产效率降低，但过度依赖设备进行生产会导致员工的技能退化，当设备停止进化时生产效率就会遇到瓶颈。要想提高工作的附加价值，必须时刻不断地磨炼自身的技能。

在办公室工作中也有可以自己动手的地方。比如用Word和Excel制作出资料的标准格式，再根据周围同事们的意见将标准格式不断完善。在这个过程中，或许会发现"加入这样的项目会更容易让对方理解""这个项目是多余的应该删除"等改善点。

4

明确工作内容

POINT

盲目地进行动作，无法提高工作的附加价值。共享"到什么时候，完成什么工作"的目标非常重要。

在进行工作的时候，必须共享"到什么时候，完成什么工作"的目标。如果没有明确的目标，团队合作就会出现问题。

比如上司要求你制作在一周后的会议上使用的资料。但是你直到会议当天还没有做完资料，最后在上司的再三催促下才勉强完成。

之所以会出现这样的结果，是因为上司认为只要将过去的资料重新整理一下就行了，但你却认为必须重新收集数据制作全新的资料才行。这就是只共享了工作期限，但是却没有共享工作内容所造成的结果。

如果上司给出的指示是"将过去的资料重新整理一下，做成一份新资料明天之前给我"，那么部下就不会去做多余的工作了。

指导师小仓良也这样说道："丰田有句话叫作'明确工作内容'，就是让员工养成明确'到什么时候，完成什么工作'的习惯。"

"'明确工作内容'，是为了在限定的期限内，用最合适的办法完成工作。

"一般来说，工厂里的生产线都需要经过两到三次的交接，在这种时候如果不能明确工作内容的话，就有可能出现A工程已经完成，但B工程却没完成的情况，导致无法顺利交接。另外，还有可能出现不知道应该从哪部分开始作业，需要浪费时间去进行确认或者出现重复作业的情况。通过明确'这部分的作业已经结束，请从这部分的作业开始'，可以避免现场出现混乱，让工作能够顺利地进行。"

在办公室工作中也经常出现全凭个人决定，没有明确"到什么时候，完成什么工作"的情况。

如果上司只对部下说"尽快完成"，因为完全没有明确工作时间和工作内容，很容易让部下为了收集多余的资料而加班，直到限定时间之前还没能及时完成工作，导致最终的工作品质极低。

在团队中安排工作的时候，一定要明确工作的期限和内容，也就是说要有"明确工作内容"的意识。

不决定期限就难以集中精神

"明确工作内容"不但可以让团队工作变得更加顺畅，还可以帮助个人提高工作的生产效率。

工作不应该推迟延后，今天能做完的工作最好规定一个期限使其在当天做完。

比如你要做一个拥有8道工序的工作，可以给自己规定一个

"到今天晚上6点之前做完3道工序"的期限。

用更小的单位来划分期限，有助于把握工作整体的进展情况，了解是否存在延迟。如果毫无根据地产生"时间还很充裕"的错觉，就无法将精力集中在工作上。工作拖拖拉拉的话还会导致工作迟迟无法完成甚至加班。

只有明确了"到什么时候，完成什么工作"，才能集中精力工作，发挥出全部的实力，提高生产效率。

如果你有"每天都太忙了，工作不知不觉中就都堆积起来""我也知道应该早点把工作做完，但不小心就拖延了……"之类的困扰，那就试着明确工作内容，给每个工作都定一个期限。这样你一定能够顺利地完成工作，并且感觉生产效率得到了切实的提高。

今日事，今日毕

丰田的员工在日常的业务中就有"绝对不能拖延"的意识，也就是说养成了"今日事，今日毕"的习惯。

在丰田，如果生产线出现了问题，立刻找出真因并加以解决是理所当然的事情，根本不可能出现"明天慢慢想办法吧"的情况。

就算是比较棘手的大问题，只要是今天能够采取的对策，就今天立即执行，这是丰田的基本原则。

在公司内部业务方面也是如此。像制作销售日报之类的工作很容易被一拖再拖，但丰田的基本原则却是"在能处理的时候立即处理"。

指导师小仓良也这样说道：

"或许有人觉得'等以后一起处理更有效率'，但事实上任何工作都有因为移动和等待等造成的空闲时间。将今天应该做的事情都记录下来，然后利用空闲时间将能够短时间内完成的工作做完。只要养成'今日事，今日毕'的习惯，就不会出现快到截止日期才急急忙忙地制作销售日报的情况。与'等以后一起处理'相比，'今日事，今日毕'会更有效率。"

如果将必须做的工作拖延，那以后再做的时候会感到十分焦虑，甚至还有忘记做的可能。由此可见，拖延工作有百害而无一利。要想提高工作的附加价值，首先必须彻底消灭拖延的习惯。

5

丰田的常识是其
他企业的非常识

你是否觉得自己的做法是理所当然的。通过
改变视角，能够发现新的问题和改善方案。

一个人如果总是做同样的工作，就很容易对自己的做法产生盲目的自信，认为自己的做法是理所当然的。OJT Solutions的指导师常说这样一句话，"丰田的常识是普遍的非常识"。

　　指导师都是丰田的老员工，并且拥有前往其他企业进行改善指导的经验。他们在对客户企业进行指导时遇到的第一个问题，就是丰田认为理所当然的事情，在客户企业却完全执行不起来。

　　如果指导师强迫客户企业采用丰田的方法，只会遭到现场的反对。理由是"像丰田那样的大企业才能这样做，我们根本做不到"。因此，指导师在进行改善指导的时候并不会直接将"丰田的常识"强加给客户企业，而是下意识地寻找适合客户企业的规模和状况的方法。

　　指导师村上富造说道："我在丰田时代就时刻提醒自己，不能被常识所束缚。"

　　"不只丰田，整个汽车行业都有在生产繁忙期雇用临时工的做法。我对这些临时工最常说的一句话就是'如果你们发现了什么问题或者感觉奇怪的地方，希望你们能够记录下来'。因为他们不是丰田的员工，所以拥有比较客观的视角，而且他们在许多工厂工作过，拥有丰富的工作经验。所以他们往往能够提出'这项作业为什么要用这种方法''其他企业对这项作业有更好的做法'之类的意见。

"丰田的员工因为被自己的常识所束缚而看不出来的问题，可以通过临时工的视角将其发现出来。这就是改善的线索。像我这样善于借助外界客观视角的领导，在丰田可以说比比皆是。"

对自己的工作方法保持怀疑

在丰田，经常出现被其他部门指出本部门问题的情况。

比如，生产线的后工序提出投诉，那么说明生产线的前工序中可能存在问题，通过找出问题和解决问题就能够实现改善。

办公室里也一样，如果其他部门提出"你这样做让我们很困扰""希望你能这样做"之类的意见，那就说明自己的工作方法可能存在问题。在这种情况下绝对不能说"我已经采取了最佳的工作方法""以后再处理吧"，而应该重新审视自己的工作方法。

另外，与其他部门之间进行数值和状态上的比较也是对自己的工作进行审视的方法之一。比如，自己部门提交的资料中出错的地方比其他部门多，那么说明自己部门的工作方法可能存在问题。

大家平时习以为常的工作方法，真的是最佳方法吗？通过对自己的工作方法保持怀疑，可以发现职场中存在的问题，从而进行改善。

　　比如，询问新入职的员工或者新调来的员工，对职场中的哪些地方感到奇怪，工作中有没有遇到什么问题。还有就是创建一个更便于吸纳客户投诉的体制。像这样，通过崭新的视角来重新审视职场中一直以来的"理所当然"，就能发现问题和改善点，从而提高工作的附加价值。

丰田每天都在坚持的习惯

6

不要盲目制定规则

POINT

贴满"××吧！"之类标语的职场需要特别注意：或许会变成空喊口号。

虽然制定了规则，但实际上并没有执行——任何职场都有这种形同虚设的规则。

比如提出"职场'5S'活动"的口号，并且对整理、整顿提供奖励，但实际上却是有名无实的情况十分常见。只制定出规则，空喊了几句口号就认为万事大吉了，这样的企业为数不少。

丰田也有很多规则，但丰田对规则是否得到了认真的贯彻与执行非常重视。指导师中田富男这样说道："只制定出规则，但没有具体的执行方法和相应的执行环境的话，规则就难以被确立起来。"

"某企业的社长认识到'5S'的重要性，于是身先士卒地开始对仓库和货架进行打扫，于是员工们也热情高涨地开始对职场进行清扫的活动。但员工只是将扔满杂物的地面用扫帚打扫干净而已。企业并没有将最重要的'5S'的意义传达给员工，也没给员工留出专门用来进行清扫的时间。

"社长可能觉得自己身先士卒开始清扫，员工看到社长的行动一定也会跟着行动起来。但不管社长怎样通过树立榜样来制定'像我这样做'的规则，如果没有将这样做的意义传达给员工，没有创建出相应的环境，那么规则就难以确立起来，早晚会被员工遗忘。"

扔掉形同虚设的规则

形同虚设的规则就是最大的无用功。

指导师杢原幸昭指出，"不做也不会造成困扰的事情就不应该去做"。

"虽然被制定出来但却没人遵守的规则，绝大多数都是上面强加下来的规则。属于那种上司一拍脑袋想出来的主意，根本没有渗透进现场……如果真是现场需要的规则，那么现场的员工自然会在遵守规则的同时将其确立起来。

"形同虚设的规则应该立刻扔掉。与其让没人遵守的规则去束缚员工，不如废除这些规则，重新开始。人力资源是有限的，不舍弃掉一部分，就没办法开始新的挑战。"

在大家的职场之中，是否存在只贴了"××活动""普及××"之类的标语，但却没有任何人执行的规则呢？

其中或许还有不知道贴了多久，甚至连究竟是谁贴的都不知道的标语吧。

快检查一下告示牌吧。如果有类似这样的标语就立刻将其撕下来。将时间和精力用在真正有需要的地方，这对整个职场来说都是有好处的。

在现有体制中执行新规则

有时候规则之所以得不到执行，很大的原因是规则的制定者尝试创立一个全新的体制。

指导师奈原幸昭指出，"在制定一项新规则的时候，首先应该思考是否能够在现有的体制之中执行"。

"越是拥有'想变得更好'这种积极态度的职场，越喜欢制定更多的规则和项目。但是，每制定一项新规则，都需要花费一定的人力和精力，而那些并不是真正需要的规则和项目反而会变成无用功。

"如果没有一个易于执行规则的体制，那么新制定的规则就难以确立起来。所以，首先思考新规则是否能够在现有的体制之中执行非常重要。假设你打算在某部门开展'通过修改设计来降低成本的项目'，但如果其他部门已经开展了降低成本的活动，那你就应该考虑是否能够将这个新项目合并到现有的活动之中。只要'降低成本'的目标是一致的，那么将活动整合到一起不但便于活动展开，更可以有效利用人力成本和时间。

"或许有人会说'我不想让别的部门的人觉得我们好像没有认真工作一样'，所以硬着头皮也要制定新规则、开展新项目。要想解决这个问题，就需要管理监督者拥有更加高瞻远瞩的视角对部门进行整体的管理了。"

千万不要轻易说出"我想到一个好主意！"之类的话。首先应该思考这个做法是否真的有必要，是否与其他的体制重复。

CHAPTER

第 3 章

—————

提高沟通力的
"团队" 习惯

1

用一张纸进行
沟通

POINT

要想把信息准确地传达给对方，一次传达的
信息量就不能太大。简洁易懂的信息可以使
团队沟通更加顺畅。

丰田有一种习惯被称为"A3文化"。

在解决问题的时候，必须按照"明确问题""把握现状""设定目标""找出真因""制订对策计划""执行对策""确认效果""固定成果"的步骤进行，而将上述步骤都简洁地整理在一张A3纸上是每一个丰田员工的习惯。

如果准备的资料太多，里面充满了冗长的文章和无用的数据，那么你真正想传达给对方的信息反而难以被发现。资料应该将结论和重点简洁地传达给对方，其他多余的内容都是对时间和纸张的浪费。而且保存大量的资料也需要相应的空间，增加场所成本。空间被多余的资料占用还会对办公环境造成影响。

丰田将这些多余的资料称为"纸料""死料"，要求员工制作资料必须简洁易懂。

对于办公室工作来说，难以避免会出现大量的资料。比如为了召开会议而给每个参加者都准备了资料，但当会议结束后发现这些资料都被扔在会议桌上，根本没人看也没人带走……这种情况在任何企业都很常见吧？

如果资料不能促使阅读者采取相应行动的话，那么这份资料就没有任何意义。因此，资料必须要简洁易懂，让看的人一目了然才行。

职场中的资料在绝大多数的情况下都可以用一张纸搞定。A3或者A4大小的纸张都可以，只要时刻牢记简洁易懂的宗旨，那么你想要传达的内容也会变得更加明确，让对方更容易理解。

总结在一张白板上

简洁易懂的文化早已渗透进丰田的现场。

在前文中我已经为大家介绍过，丰田有在出现问题和故障的时候"拉灯绳"的习惯。

当出现必须停止生产线的大问题时，不仅作业的当事人，班长、组长、工长等相关负责人以及前后工序的相关人员和技术人员都要来到问题发生的现场，找出引发问题的真因，思考解决方法。

这个时候在丰田的现场最活跃的工具之一就是白板。

在丰田，不仅会议室里，就连生产现场也有白板，这样员工们就有了一个可以随时随地在白板前面召开会议或者进行讨论的环境。而且，员工可以在现场一边对现地·现物进行确认一边将数据等资料贴出来，将现状、问题点以及对策等都写在白板上。

白板可以使"发生了什么问题""现状如何""应该采取什么对

策"等信息一目了然，从而使人更容易把握现场的情况。

将白板上的信息保留在现场，还可以使没参加会议的人能事后对信息进行确认。另外，如果经常对白板上的信息进行更新，还可以让其他人把握实时发生的情况。

从"将现场发生的情况一目了然地总结起来"的意义上来说，白板的用法也体现出了丰田的"A3文化"。

在一般的公司里，白板只是摆在会议室里的装饰，几乎很少被用到。但是，离开现场，在会议室讨论问题的对策，经常会产生"实际情况是怎样来着"之类的疑问，非常不方便。

在丰田甚至经常见到员工拿着白板搭乘电梯的场面。由此可见，不管在什么地方开会都要带着白板是丰田员工的习惯。

在白板跟前讨论问题

OJT Solutions的专务董事森户正和说道："用白板还有一个很大的好处。"

"在现场使用白板，可以使人自然而然地开始讨论，提高大家

用一张白板共享信息的示意图

<白板>

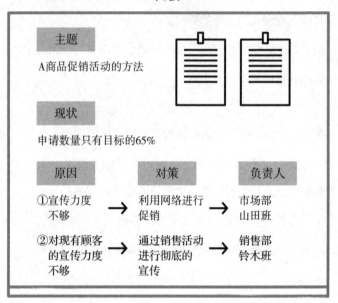

主题	

A商品促销活动的方法

现状	

申请数量只有目标的65%

原因	对策	负责人
①宣传力度不够 →	利用网络进行促销 →	市场部山田班
②对现有顾客的宣传力度不够 →	通过销售活动进行彻底的宣传 →	销售部铃木班

> 将信息总结在一张白板或一张纸上，
> 可以使现状与对策一目了然

丰田每天都在坚持的习惯

的集中力，防止出现会议讨论拖拖拉拉的情况。快速集合、快速讨论、快速行动，这就是最大的好处。

"除了白板之外，丰田的员工在进行汇报和开会的时候还常用一种面积足够贴上几张A3纸的告示板。就像'移动展览'一样的感觉。

"相关人员都聚集在告示板跟前，当场进行讨论，在短时间内解决问题。这样的现场会议说明生动翔实，也没有人会在会议中睡觉。更不会出现没用的资料，可以说好处多多。"

生产效率低的公司，往往有很多无用功的会议。比如，大家聚集在一起却没有做出任何决定的会议，没有积极的讨论死气沉沉的会议，没有创造任何价值只是"为了开会的"的会议……

当然，有时候确实也需要将大家都召集到一起进行会议，但有时候也应该根据会议的种类和性质，用白板和告示板召开临时会议。如果只是稍微讨论一下就能解决的问题，用这种方法可以节省时间，从而提高生产效率。而且还能够迅速地将解决办法与改善等行动结合起来，切实地取得成果。希望大家在自己的职场中也积极地尝试一下这种方法。

2

使职场 "可视化"

POINT

"我们的职场如今处于怎样的状况",通过共享这一信息,可以使团队朝着同一个方向前进,并产生出强大的推动力。

大家身处的职场如今处于怎样的状况呢？

追求的最终目标是什么呢？

突然被问到这个问题的话，能够立刻做出回答的人恐怕不多吧？

在丰田的现场有一个"管理板"（日常管理板），在管理板上有一个关于丰田的管理监督者对现场进行管理时必须进行的5项基本工作的一览表。这5项基本工作被称为"5大任务"，包括以下5个内容：

①安全

②品质

③生产效率

④成本

⑤人才培养

只要看一眼这个管理板，公司和部门的方针、在进行什么活动、有什么强项、有什么弱点，这些全都一目了然。也就是说，可以很清楚地把握部门与公司的方针之间存在着怎样的联系。自然也能够了解自己的工作最终会取得怎样的成果。

换个更简单的说法，管理板就是让员工把握"自己的职场处于怎样的状况"的工具。

管理板是沟通的工具

指导师杢原幸昭说："管理板也是沟通的工具。"

"在白板前开完会之后，有时候大家会去现场确认状况，有时候上司会在白板上写下'这个问题怎么样了''是否可以从这个角度来思考'之类的备注。因为一旦进入生产阶段，就很难找到机会进行一对一的沟通，所以白板就成了上司与部下进行沟通的重要工具之一。"

指导师杢原幸昭在对某企业进行改善指导的时候就在该企业导入了管理板方法，取得了非常巨大的成果。

比如，针对品质慢性不良的问题，杢原幸昭在向现场员工征集解决方法的同时，也将残次品率数据等结果贴在告示板上，这样做不但提高了员工"必须彻底消除残次品"的意识，似乎对实际降低残次品率也有很好的效果。

另外，其他部门来导入管理板的部门参观之后，将双方的工作方法和取得的成果一对比，受到了极大的震撼。在此之前该企业的各个部门之间几乎没有任何沟通，但在导入管理板方法之后，其他部门的员工也得到了极大的启发，"他们的这种做法更好"。

丰田每天都在坚持的习惯

"管理板"的示例

<×××课日常管理板>

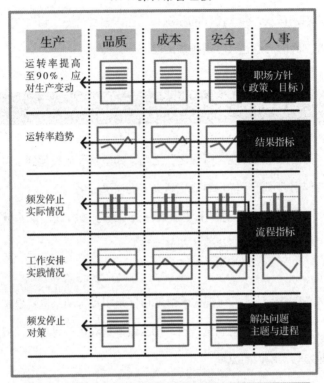

通过"管理板"把握职场的状况和成果，
使团队的交流变得更加活跃

以前因为员工连自己部门的状况都不清楚，所以更不知道其他部门在做些什么。

首先通过管理板将自己部门的工作"可视化"。随着管理板在公司内部普及，各个部门的状况和工作内容都能够一目了然，部门相互之间的沟通也会变得更加顺畅。

必须立即行动才有意义

利用管理板实现"可视化"之后，如果管理板只起到了展示信息的作用，那还不能说是真正意义上的"可视化"。

指导师中上健治指出，"如果白板不能引发行动，那么就变成了一个单纯用于展示信息的普通白板"。

"我个人认为，可视化的最终目标是引发行动。也就是说，如果可视化的信息没能引发行动，那么就不是真正的可视化，只是一个普通的告示板而已。

"比如在告示板上张贴残次品数量的变化情况，只会使人产生出'残次品数比我预想中的要少啊''最近降低了一些呢'之类的感想。但是如果在这张图表上加一道基准线的话结果会如何呢？比如以5件为基准，那么大家的目标就是将残次品数降低到5件以下。

只需要画"一条线"就能引发行动

<残次品数量的变化>

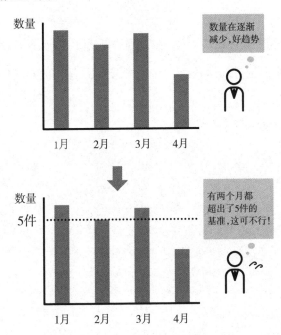

不能引发行动就不是真正的"可视化"

如果近几个月残次品数都高于5件，大家就会产生‘这样下去不行，必须减少残次品数量’的危机感。像这样促使大家采取行动才是管理板的真正作用。”

只需要在图表上画一条基准线，就可以让大家行动起来。诸位读者不妨在自己的职场之中也尝试一下这种引发行动的“可视化”方法。

增加 "多能工"

POINT

如果很多工作都只有特定的员工才能做，那么团队就会失去灵活性。丰田很重视培养能够从事多种工作的 "多能工"。

如果把工作都交给有能力的人去做，那么就会导致个别员工的工作量过多，加班情况也集中在个别员工身上，使他们疲惫不堪。同时还会使另一部分员工工作量太少，甚至完全没有加班。

特别是对办公室工作来说，因为办公室与生产现场不同，绝大多数的工作都可以一个人独立完成。因此周围的人很难了解其他同事在做什么工作，做了多少工作。

但从团队的角度来看，这种状况会导致生产效率降低。

丰田有一个用来表示员工用了多少时间做了多少工作的图表，叫作"工作量表"。

通过这个图表，可以使员工的工作情况可视化，然后根据实际情况采取对策。

比如A先生在a~d的作业中花费的时间如下：

a作业……1.5小时

b作业……3小时

c作业……0.5小时

d作业……5小时

本来一天的工作时间应该是8小时，但A先生实际工作了10

小时。

而对B先生的作业时间相加之后发现只有7小时。那么在这种情况下，通过将A先生的一部分工作分给B先生，就可以防止工作量过于集中在一个人身上的情况，从而提高整个团队的生产效率。这就是"平均化"。

在进行平均化的时候最关键的一点在于，首先应该思考每项作业的时间是否能够缩短（步骤1）。

通过消除掉潜藏在每项作业之中的无用功，或许可以将A先生的工作时间缩短到8小时之内。

如果对每项作业都进行了重新的检查之后，工作时间仍然多于8小时，那就将其他人也能做的作业交出去，比如交给B先生来做（步骤2）。

这样做可以防止工作集中于个别人身上，同时还能提高工作时间有空余的人的生产效率。

指导师小仓良也这样说道：

"要想实现平均化，必须让一个人能够从事多项工作。在丰田的生产现场将这样的人称为'多能工'，职场中的多能工越多，工

通过制作"工作量表"来实现平均化

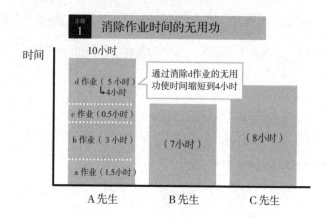

步骤 **1** 消除作业时间的无用功

时间

10小时

d 作业（5 小时）
↳4小时

通过消除d作业的无用功使时间缩短到4小时

c 作业（0.5小时）

b 作业（3 小时）

（7小时）

（8小时）

a 作业（1.5小时）

A 先生　　　　　B 先生　　　　　C 先生

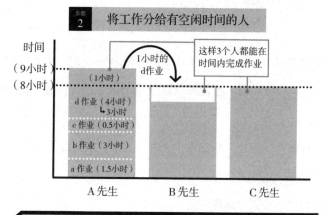

步骤 **2** 将工作分给有空闲时间的人

时间

（9小时）……
（8小时）……

（1小时）

1小时的
d作业

这样3个人都能在时间内完成作业

d 作业（4小时）
↳3小时

c 作业（0.5小时）

b 作业（3小时）

a 作业（1.5小时）

A 先生　　　　　B 先生　　　　　C 先生

通过分担工作提高整个团队的生产性

丰田每天都在坚持的习惯

作安排就越灵活，团队的生产效率也就越高。在办公室也一样，拥有足够的'多能工'才能实现平均化。"

与同事的工作方法进行比较

职场中个人的工作内容很容易"黑箱"化，也就是说同事之间不知道其他人都在做什么。

"什么人用多少时间做了什么工作"，只要把握了这些情况，就可以实现平均化，通过了解同事的工作内容，还可以使沟通更加顺畅。

首先可以试着先将自己作业的循环时间（完成一项作业所需的时间）写出来。

将每项作业的所需时间可视化之后，还能发现改善工作方法的线索。

特别是将自己的作业时间与同事的作业时间进行对比，你会发现即便从事的是同样的工作，花费的时间却各不相同。

指导师小仓这样说道：

"丰田会将员工的作业情况录下来，然后通过观看影像资料来对工作方法进行改善。我在对其他企业进行改善指导的时候，也会将他们的工作情况录下来，然后让他们对自己的工作内容进行确认。所有人在看到自己的工作影像后都会发现'移动时间太长''作业中存在无用功'等改善点。只要他们自己认识到工作中存在的问题，就会主动地进行改善。

"如果没有录影的条件，也可以将自己的工作时间与其他人进行客观的对比，从而发现改善的线索。"

学习同事的工作方法

在生产现场，作业顺序在一定程度上是固定的，但在办公室中，作业顺序更大程度上取决于个人的习惯。

以"Excel"为例，一个熟练使用这种软件的人和不太会用这种软件的人，作业效率有着天壤之别。

只因为没有掌握一项技能，导致作业时间出现10倍以上差距的情况也屡见不鲜。通过学习作业效率高的人的工作方法，可以使团队的生产效率得到极大的改善。

为了使循环时间可视化，首先应该在团队之中普及类似谷歌日历之类的时间表管理应用程序，让所有成员的作业可视化。

通过将工作任务可视化，可以使员工发现工作中存在的诸多问题，从而以此为契机进行改善。而且，这样做还能提高整个团队的生产效率。

4

将个人技能
"可视化"

POINT

如果能够掌握每个人的技能内容和等级，组建团队的时候就会更加容易，同时还可以明确自己应该掌握哪些技能。

只有一个人能做——如果有这样的工作存在，那么当唯一胜任这项工作的员工因为退休或者辞职等原因离开，那么职场就会陷入混乱状态。为了避免出现这种情况，丰田养成了"不让只有一个人能做的工作出现"的习惯，而实现这一目标的方法就是"多能工"与标准。

另外，丰田还将各个部门的成员都拥有哪些技能制作成一张表格。

这个表格被称为"技能表"。员工每个技能都被分成四部分的圆形来表示熟练度。比如"能够独立完成作业"就将一部分涂上颜色、"能够按时完成作业"涂两部分、"出现问题时能够及时应对"涂三部分、"能够进行改善与对部下进行指导"全部涂满——这样员工的技能等级就可以一目了然（不能独立完成作业的话就全部空白）。

指导师小苍良这样评价"技能表"的好处：

"通过技能表，可以对员工能够从事哪些作业，做到什么程度一目了然。对于团队缺乏拥有哪种技能的人也可以做到一目了然。管理监督者可以根据技能表来培养所需技能的'多能工'，从而使团队管理更加灵活。

"丰田还有'让优秀的人才通过在公司内部横向流动和外派积

累经验'的习惯。当人才被调走之后，丰田会根据技能表来讨论由谁来填补职位上的空缺。"

利用"技能表"对员工的技能进行管理的方法适用于任何职场。

以销售现场为例，可以将作业所需的能力细分为"商品知识""发言能力""投诉对应""资料制作"等，制作成技能表。

通过将这个技能表在部门内可视化，可以使每个成员具有哪些能力一目了然，然后以实现团队平衡为目标促使成员学习技能。

另外，个人技能可视化之后，每一名成员能够清楚地认识到自己的技能处于什么等级，哪项技能存在不足，从而使其产生危机感和进取意识。

通过"技能表"把握个人技能情况

	石川	佐藤	铃木
商品知识			
发言能力			
投诉对应			
资料制作			

毫无经验　　　能够独立完成作业　　　能够按时完成作业

出现问题时能够及时应对　　　能够进行改善与对部下进行指导

让发言能力较强的石川与擅长制作资料的佐藤组成团队吧。

铃木必须提高发言能力才行啊……

用"大房间"
推动团队进展

在解决关系到整个公司的大问题时,丰田会
组建起一个横跨整个组织的"工作团队"。

在做新项目的时候，或者解决大问题和进行大改善的时候，往往会遇到"组织之壁"。

无法在自己部门内部解决的工作和改善，必须寻求其他部门的合作。

但是，在存在"组织之壁"的职场之中，要想得到其他部门的合作绝非易事。"我们有我们自己的做法，你们不要插手"之类的回绝很常见。

涉及多个部门的工作和改善，要采用怎样的方法才能够使其顺利进行呢？

丰田通过建立起一个横跨整个组织的"工作团队"来解决这一问题。

假设你现在需要解决的问题是"通过削减零件的种类来降低成本"。因为汽车的款式各不相同，所以每辆车所使用的电线也不一样，这就导致作为汽车零件的传输电线存在完全没有用处的"死线"情况。这些没派上用场的电线占用了成本，导致成本虚高。那么通过使款式共通化来减少零件种类，就可以减少"死线"的数量，实现降低成本的目标。另外，零件种类越多需要的保管空间也就越多，这也是占用成本的因素之一。

像这种关系到多个部门的问题，想只在一个部门之中解决是不可能的。只有将各个部门和工程都包括进来才能够取得理想中的效果。

以上述问题为例，最好的办法是组建起一个将设计与生产相关部门全都包括在内的削减零件种类工作团队，从各部门中选拔专门的负责人。

用"大房间方式"提高团队力

在通过横跨整个组织的工作团队开展项目时，丰田最常用的方法是"大房间方式"。

2011年3月爆发东日本大地震之后，为丰田的发动机提供主要控制零件的零件生产企业被迫停产。几乎所有的汽车生产企业都在这家企业采购零件，因此大家全都面临停产的危机。

将丰田从停产危机中拯救出来的正是"大房间方式"。各个汽车生产企业的负责人都聚集到这家零件生产企业，一起商讨恢复生产的计划。300多名初次见面的相关人员顺利地进行了信息共享和责任分配等工作，在极短的时间内就将该零件生产企业的生产能力恢复到了一定的水平。

"大房间方式"具有以下优点：

· 能够使各个部门之间顺利地达成共识

· 能够共享方针与信息

· 实现直接沟通，避免出现沟通误区

· 能够看到周边的动向从而及时做出预判，使工作安排更加合理

· 各部门同时展开作业，大幅缩短工作时间

工作团队基本就是按照"大房间方式"来推动项目进展的。即便大家并不是真的在物理意义上聚集在一个大房间之中，但只要作为一个团队整体，就可以提高工作的生产效率，还能够产生出前面提到的那些附加价值。

帮助建立人脉

在丰田，每一个部门都会参加几个工作团队，并且经常开展活动。

最然参加工作团队难免要面对难以解决的课题，付出不少的辛苦，但同样也能够积累宝贵的经验，并且还能够在公司内部建立起广阔的人际关系。与其他部门的同事一起工作，一起参加酒会加深

相互之间的了解，可以建立起信赖关系。

通过将人脉拓展到所属部门之外的部门，当遇到问题和困难的时候，就可以去其他部门寻求帮助，从而找到更好的解决办法。由此可见，工作团队也是帮助建立宝贵人脉的平台。

关于丰田的工作团队，指导师村上富造认为，"能够认识到自己的不足之处也是工作团队的好处之一"。

"我年轻的时候参加过一个以降低成本为目标的工作团队，那时候我们需要交涉的对象全都是各部门年纪很大的管理监督者。身为年轻员工的我为如何能够得到对方的协助费了很多脑筋。但是，与我同组的前辈即便面对年龄和职务都比自己大的人也毫不畏惧地进行交涉，语言组织得有理有据。当时我就意识到应该提高自己的语言组织能力和交涉能力。"

大企业自不必说，即便在小公司之中，如果前往其他部门或者项目组，恐怕也会遇到很多不认识的面孔吧。

在这样的企业之中，想跨过"组织之壁"解决问题、完成新的挑战，肯定难上加难。

对于这样的组织来说，创建一个由全公司共同解决课题的场所

工作团队采用的也是"大房间方式"

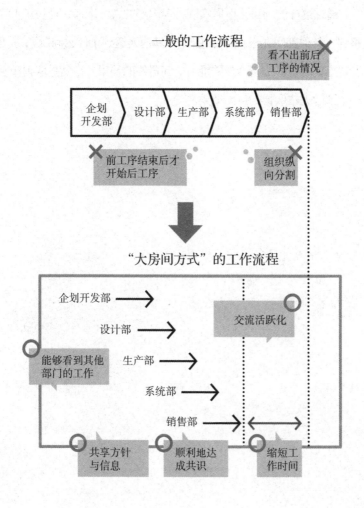

一般的工作流程

看不出前后
工序的情况 ✕

企划
开发部 〉设计部 〉生产部 〉系统部 〉销售部 〉

✕ 前工序结束后才
开始后工序

组织纵
向分割 ✕

"大房间方式"的工作流程

企划开发部 →

设计部 →

能够看到其他
部门的工作

生产部 →

系统部 →

销售部 → ←→

交流活跃化

共享方针
与信息

顺利地达
成共识

缩短工
作时间

是解决上述问题的方法之一。比如"提高员工满意度项目""5S项目"等工作团队都是不错的选择。

通过这样的项目，可以实现公司内部的人才沟通，让员工们了解到"其他部门在进行什么工作""其他人遇到了什么问题"，从而发现工作中能够进行合作的地方。而最终的结果，自然是取得单独一个部门无法取得的巨大成果。

丰田每天都在坚持的习惯

6

主动打招呼

沟通能够提高团队力。上司必须对部下进行
定点观测，及时地发现哪怕很小的变化。

很多丰田的管理监督者都有每天去现场进行巡视，与每一位员工打招呼的习惯。

打招呼不但能够加深相互之间的沟通，还可以对员工进行定点观测，发现员工的变化。

指导师桥本互就是这样的管理监督者。

他在担任涂装工程的管理监督者时，每天早晨都会抽出1~2小时的时间与200余名员工挨个打招呼。

尽管只是一声简单的问候，但坚持每天都做的话，与员工之间的距离就会越来越近，而且逐渐地双方也会熟悉起来。桥本互不只对涂装工程的员工打招呼，在通道遇见组装工程的员工时也会打招呼，所以他和组装工程的员工们也变得熟悉起来。

这样坚持一段时间之后，即便员工出现细微的变化他也能够及时觉察。

桥本这样说道：

"坚持每天和员工们打招呼，有时候对方的回答会慢半拍，或者声音比较小。在这种时候我就会想'究竟出了什么事'，就会对他多加留意。只要每天坚持进行定点观测，哪怕是很小的变化也能够觉察。

"有一次我发现一名部下每天回应的声音越来越小，就找了个机会和他进行一对一沟通。结果发现原来他被选为新车型生产线项目的一员，但他却有'我恐怕能力不足'之类的担心。"

"于是我在得到上司允许之后将他带到技术部，给他看新生产线生产出来的汽车完成品。他在看到完成品后非常激动，信心十足地说'我一定要将这个项目做好'。"

桥本互指出，"通过每天的沟通构筑起人际关系之后，在关键时刻能够发挥出巨大的作用"。

"我曾经担任过雷克萨斯涂装工程的负责人，雷克萨斯的涂装工程与其他车种相比难度高、对品质的要求高。但是所有的雷克萨斯汽车都出现了在车门缝隙处有气泡的问题。为了给客户提供符合品质要求的产品，我们决定对所有雷克萨斯汽车重新进行涂装。

"出现这样的问题，身为涂装负责人的我自然难逃其咎，保证同样的问题不再次出现也是我的责任。但事实上，出现这样的问题最辛苦的还是现场负责进行涂装工程的员工。因为我每天都和他们打招呼，认识他们每一个人，所以一想到给他们添了这么大的麻烦，就感到非常过意不去。"

"不过，正是这样的时候，平时建立起来的人际关系派上了用场。如果是一位平时与员工没什么沟通的上司突然说'给我想办法解决问题'，员工们恐怕也不会买账吧。"

建立起无话不谈的信赖关系

指导师奎原幸昭也有打招呼的习惯。

每天早晨他都会在工厂内巡视，与每个人打招呼。因为大家都已经开始工作，所以就算打招呼也只是简单的一句话。

"××君，感觉怎么样？"

"××君，没有什么问题吧？"

"××君，吃早饭了吗？"

每个人的工作服上都有名牌，只要看着名牌上的名字像这样打招呼就好。

"一般情况下不会聊太多，当然也有对方不回应的情况。只要对方回我一句话我就很高兴了，对我微笑一下也能让我安心不少。总之我的目的就是通过建立人际关系拉近相互之间的距离，让对方愿意向我透露信息。如果能够建立起无话不谈的信赖关系，那么就能够在问题发展到不可收拾之前及时地发现，将问题消灭在萌芽状态之中。"

实际上在现场就发生过这样的事。

李原幸昭对一名即将参与搬运重物工作的员工打招呼问他"最近感觉怎么样",对方的回答是"最近有点腰疼……"。于是李原幸昭将这件事报告给了对方的上司,了解到这名员工以前犯过腰伤,于是上司立刻将他调换到不会对腰部造成负担的工作中去了。

对于那名员工本人来说,或许出于"这么点小毛病不好意思说出口"的顾虑,没有向上司进行报告。但正因为李原幸昭拥有每天和员工打招呼的习惯,所以才能够及时地从部下那里获取信息,在问题变大之前采取对策。

你在职场中与同事充分地进行沟通了吗?当你打招呼的时候,对方是什么反应呢?他们的服装是否整洁,有没有戴好防护措施……

每天上班时都看着对方的眼睛问候一声"早上好",只要坚持下去,你一定能和对方建立起稳固的人际关系,哪怕对方有细微的变化你也能够及时地发觉。

用"问题笔记"来收集信息

除了打招呼之外,还有一个沟通的方法。

指导师李原幸昭对某企业进行指导时，为了了解员工们在工作中遇到了哪些问题，使用了一种叫作"问题笔记"的方法。

"屋顶漏雨、储物柜太小、休息室太暗等，任何在工作中遇到的问题都可以写在问题笔记上。关键在于员工写完问题之后，只要是能够解决的问题就要立即解决。看到问题第一时间得到解决，员工本人一定会感到非常高兴，其他人看到这种情况也会对问题笔记产生信赖感。一旦建立起信赖关系，员工就会主动地将遇到的问题告诉你，使你能够在问题变大之前及时解决。

"不要总想着通过每天打招呼和问题笔记来找出大问题。大问题是由小问题积累和发展演变出来的，所以对于小问题也绝对不能轻视，必须及时解决。"

另外，如果所有人共用一本问题笔记，那么或许有人不好意思写出自己的真实想法。一对一的沟通更容易让对方打开心扉，根据实际情况给每个人都准备一本问题笔记是最好的方法。

留出沟通时间

不只上司和部下之间，给同事之间创造沟通的机会，也有助于

"问题笔记"的示例

问题笔记

企划部

本人记录栏		上司记录栏
姓名	问题	对策
佐藤	繁忙期（2~4月）加班时间太长	在干部会议上讨论各部门之间的合作情况
上田	空调制冷效果太强	将设定温度上调1度
林	PC运行速度太慢	让系统部的A先生去帮你看看

即便是很小的问题也没关系，部下可以提出任何问题

绝对不能对部下提出的问题置之不理，就算没有完美的解决办法，至少也要将目前能够采取的对策写下来

上司立刻做出回应，可以获取部下的信赖

提高团队力。

指导师近江卓雄这样说道：

"我以前工作的工厂，每个月都有一次工作时间内的'沟通时间'。以组长为中心，10~20名同事用1小时的时间来进行沟通。每次沟通的主题都不一样，比如讨论公司的成本、深入理解公司外界的环境，还有内部活动比如运动会和足球比赛等，甚至连员工刚出生的孩子也可以成为话题。

"除此之外，还有每个月两次，9名工长一人端着一杯咖啡，在下班之后聚在一起闲聊的习惯。尽管每个人负责的工程和项目都不同，但毕竟大家都是工长，所以遇到的问题和烦恼都是相似的。在聚会上，大家还会共享工作中遇到的问题，前后工序一起思考解决问题的办法。在上司面前难以启齿的话，工长相互之间也可以畅所欲言，所以各个工程之间的沟通变得更加活跃了。"

创建一个让员工与员工之间、上司与上司之间都能够加深沟通的场所，可以激发出团队更大的力量。

7

从"外围"开始
行动

POINT

开始新行动的时候，一定会遇到"抵抗势
力"。从什么地方开始"点火"，关系到最
终的成败。

任何职场都存在着"抵抗势力"。即便想对职场进行改善，尝试新的挑战，但如果得不到员工们的支持，那么最后一定难以取得成功。

人类是讨厌变化的怪物，所以对积极地改变自己的习惯都会有抵触感。"一直以来的做法都很顺利，怎么会有问题呢？"越是经验丰富的老员工越容易成为抵抗势力。

OJT Solutions的指导师对企业进行改善指导时，就经常遭到现场一部分员工的"抵抗"。面对外界来的第三者，出现戒备心理也是人之常情。

指导师小仓良也指出，"对整个组织进行改善的时候，从'外围'开始行动比较容易"。

"有的指导师认为应该先搞定'抵抗的人'，但我认为先让积极进行改善的人开始行动更有效果。一般来说，组织中'积极进行变化的人'占3成，'持观望态度的人'占4成，'抵抗势力'占3成，首先要从积极进行变化的人这部分开始点火。这样一来，持观望态度的人也会跟着行动起来。当认识到新体制带来的好处之后，原本的抵抗势力也会积极地加入到改善的活动之中。这就是从外围开始行动，将改善渗透进整个组织的方法。"

指导师井上陆彦在提到从外围开始行动的效果时这样说道：

> "对于那些不打算进行改善的人，不管你说多少遍'能够提高生产效率'也没用。但是如果其他同事都能够轻松地完成工作，只有他一个人因为拒绝改善而工作得非常辛苦，那么他自然而然就会加入到改善活动中来。这种从抵抗势力的外围进攻的方法，我称之为'甜甜圈对策'。"

从能够切实地感觉到成果的改善开始

要想从头开始说服所有人非常困难。如果从一开始就用强硬的手段迫使所有人开始行动，那么整个组织就会出现一种"被强迫"的感觉，很容易导致失败。

所以，首先应该从最有干劲的年轻群体开始点火。他们出于"我们是被选中的成员"的使命感，会更加积极地参与到改善中来。

而开始改善之后的关键，就是从简单的改善开始，让人能够从变化中感到喜悦。

指导师小仓良负责改善指导的某企业，存在业务用的无线电对讲机随意摆放，一转眼就找不到的问题。于是他向员工们征集意见，如何解决无线电对讲机随意摆放的问题，结果是在工作现场摆一个从百元店买来的塑料盒子，用完无线电对讲机后就放在盒子里。这样一来再也没发生过无线电对讲机丢失的情况，大家也因此切实地感受到了改善的成果。

后来，现场的员工又对其他的物品进行了整理、整顿，提出了许多改善的办法。就连最初对改善漠不关心的人和反对改善的人，在见识到改善的效果之后也逐渐加入到改善之中。

让抵抗势力说出"原来这样做也不错"是一个非常大的进步。这说明改善已经渗透进抵抗势力之中。

LECTURE

8

彻底执行
"先入先出"

POINT

办公桌上堆积如山的资料……按照怎样的顺
序来处理工作，关系到团队的成果。

在团队工作中，最常见的问题就是上司决策迟缓，导致工作出现停滞。因为上司工作繁忙，经常开会和出差不在办公室，等待上司做出决定的文件资料都堆在他的办公桌上。等待上司的决策，在生产现场属于"等待"时间，是完完全全的无用功。

最坏的情况是，等待做出决定的资料堆积如山，被压在下面的资料被无限期地延后，而摆在上面的资料则得到优先处理。但实际上被压在下面的资料是被最早送过来的，可能还是需要紧急处理的问题……

在丰田，有"先入先出"的习惯。这种习惯来自先来的旧东西先用，后来的新东西最后用的思考方法。

比如生产现场所需的零件要事先保管在仓库里，而新送来的零件要放在最里面，最先送来的零件则摆在最外面。这样可以保证旧零件不会被永远留在仓库里。用计算机术语来说，这就是相当于将文件"按时间顺序"排列。

物品随着时间的流逝会出现劣化，所以保持"先入先出"的习惯非常重要。

从旧资料开始按顺序处理

"先入先出"的习惯在解决等待决策的问题时非常有效。

比如将存放资料的盒子换成能够竖直放置而非叠放的文件盒。因为叠放式的文件盒在放入新文件的时候会将旧文件压在下面，导致旧文件越来越靠后。

换成竖直放置的文件盒之后，可以将新送来的文件摆在旧文件的后面，从而避免新文件盖住旧文件的问题，在拿取文件的时候也更加方便。

另外，将在装文件的文件袋上贴标签的行为规则化对于文件管理也有很好的效果。将文件的提交日期和决策日期等信息写在标签上，可以更容易找出紧急度高的文件，防止旧文件迟迟得不到处理的情况发生。

"先入先出"的思考方法同样适用于邮件管理。

对于需要花费很多时间进行回信的邮件，我们往往会将其延后处理，"等有时间的时候再回信"。但在繁忙的日常业务中，很容易使人将回复邮件的事情忘在脑后。

为了防止出现这种失误，应该给自己制定一个优先处理旧邮件的规则。即便是在对邮件进行统一回复的时候，除了紧急邮件之外也应该按照从旧到新的顺序对邮件进行回复，这样可以让对方不至于等待太长时间，更能够避免忘记回信的情况。

不过，对于确实需要很长时间进行回复的邮件，建立一个即便暂时不进行回复也不会将其忘记的体制尤为重要。在这种情况

"先入先出"的思考方法

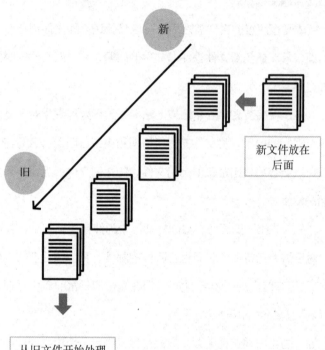

新

旧

新文件放在
后面

从旧文件开始处理

建立起先处理旧文件的体制,
可以缩短等待决策的时间

下，首先应该先回信告知对方"回复需要一些时间，请稍等"，然后建立一个"需要回复"的文件夹，将这种重要邮件放入相应的文件夹内，防止需要回复的邮件被淹没在大量的邮件中难以找到。

CHAPTER

第 **4** 章

使人尽其能的
"培养人才"的习惯

1

创建一个自己的
"分身"

POINT

上司的职责是什么？丰田上司的职责是培养出
即便自己不在也能够使组织正常运转的领导。

丰田所说的"领导"，并不是"擅长工作的人"，而是能够使部下得到成长的人。

虽然工作成果也是必不可少的，但在取得工作成果的同时，领导还必须培养出相当于自己"分身"的部下。

因此，丰田的优秀领导都有将部下培养成自己"分身"的习惯，这样即便自己离开部门，现场的改善也能够持续下去。

指导师近江卓雄回忆起自己在丰田时代的上司经常这样告诫自己：

"'当你离开现在的职场时，想留下什么。'上司经常对员工们，尤其是组长和工长提出这个问题。我个人认为，在离开职场之后，应该通过人才培养留下自己的'分身'。所以，对于想要培养成自己'分身'的部下，应该给他安排一些稍微困难点的工作，下意识地使他积累各种各样的工作经验。我认为这也是丰田文化的一部分。"

擅长工作的领导往往喜欢什么事都自己做，而只给部下提出"做这个""做那个"的指示，不给部下自己思考的机会。甚至还有出于"不能被他夺走自己的位置和工作"之类的戒备心理而限制部下成长的上司。

但是，如果不培养出能够取代你位置的下一代领导，那你也无法离开这个位置，也就不能获得晋升。

培养自己的"分身"是上司的重要职责。哪怕只有一名部下，也必须想办法将他培养成自己的"分身"。

领导在一次会之后就要离开

指导师村上富造也认为，"平时就要时刻注意培养自己的'分身'"。

"我在做科长的时候给自己制定了一项规则，那就是在参加部门举办的恳亲会和酒会时，一次会结束后就离开，不继续参加后续的活动。领导很容易成为酒会的中心，谁都愿意享受被众星捧月般的待遇。但是，如果领导一直在，那么2号人物就没有发光的机会了。所以领导应该在一次会结束后离开，从二次会开始让部下自己活动。

"等到第二天的时候找部下问一问'昨天我走之后你们玩得怎么样'，就可以大概了解到谁发挥了领导能力。人在喝酒之后都比较放松，所以在这样的场合下，拥有领导能力的人自然会崭露头角。我认为酒会是个发现拥有领导能力人才的绝佳机会。"

除了酒会之外，上司还应该多给部下创造一些能够使其发挥领导能力的机会。比如让部下主持会议或者让部下担任项目负责人等。让部下承担职务与责任，可以使部下积累用自己的头脑进行思考的经验，从而获得成长。

不要做"什么事都自己做的上司"，而要做"给部下创造成长机会的上司"，只有这样才能创造出自己的"分身"。

2

站在"更高一级的视角"进行工作

POINT

"为什么上司会做出这样的指示",通过站在更高一级的视角进行思考,能够实现自身的成长。

要想创造自己的"分身",给部下更高一级的课题,促使部下用自己的头脑进行思考尤为重要。

丰田常说的一句话叫作"站在比自身更高一级或两级的视角上进行工作"。

比如你现在是班长,上一级的视角是组长,再上一级的视角是工长,那么班长就应该站在组长和工长的视角思考问题,进行工作。

站在更高一级的视角,思考上司会做出怎样的指示以及这样做的原因,可以使自己采取更加合适的行动。

站在高两级的视角,还能够理解上司处于怎样的事业环境之中做出这样的指示。

虽然站在高两级的视角上进行思考是最理想的状态,但首先养成站在高一级的视角进行思考的习惯比较现实。

指导师井上陆彦这样说道:

"上司总要求我们站在更高一级的视角进行思考,因为如果真的能够理解'原来上司要求的是这样',那么自己就相当于站在了上司的立场上。说来惭愧,如果我当时能够真正做到站在更高一级的视角进行思考,肯定能够把工作做得更好。"

与上司保持密切的沟通

站在更高一级的视角上进行工作，能够使自己理解上司的意图，使工作完成得更加出色。不过，就算自己有站在更高一级的视角上进行工作的打算，实现起来可没那么简单。

指导师井上陆彦根据自身的经验给出了如下的建议：

"有时候我感觉自己真的能够站在更高一级的视角上进行工作，实际上这是因为我和上司之间进行了非常充分的沟通。比如在午休时找到和上司一边喝咖啡一边闲聊的机会。上司会提供很多帮助我提高工作品质的思考方法和提议。

"另外，与上司进行深入沟通的话，还能够了解到上司的想法。这些沟通，可以使自己隐约找到站在更高一级的视角上进行思考的方法。"

现在，下午茶时间和吸烟室仍然是与上司进行轻松沟通的好机会。为了养成站在更高一级的视角上进行工作的习惯，利用一切机会多与上司进行沟通非常重要。

站在更高的视角上进行思考

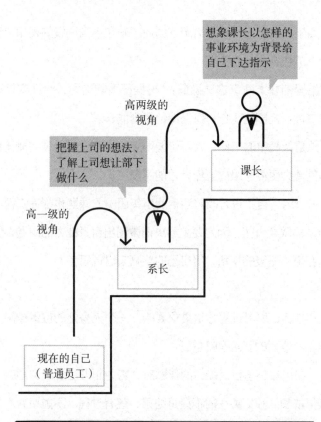

为了让部下能够"站在更高的视角上进行思考"，
上司要经常给部下"出难题"

给部下"出难题"

如果你是上司，那么给部下创造"站在更高一级的视角上进行工作"的机会也非常重要。

指导师井上陆彦这样说道："根据部下的能力，给他安排稍微超出其能力范围的工作，可以使他得到成长。"

总是做简单的工作，人不可能得到成长。只有通过完成比自己当前的能力更高一级的工作，才能实现成长。

QC小组（自主进行改善活动的小集团）的课题也都设定得比本人能力稍微高一些。因为要想解决稍微超出自身能力的问题，就必须站在更高一级的视角，用自己的头脑来进行思考。

"其实，思考过程才是最重要的。一个人身处的位置越高，对独自思考能力的要求也就越高。

"在面对超出自己能力的课题时，努力想办法解决课题的人才能获得成长。我们关注的不只是结果，还有过程。不能只看一个人是否解决了问题，还要看他为了解决问题'进行了怎样的思考'。拥有用自己的头脑进行思考经验的人，将来做了领导，也能够凭借自己的力量思考问题的解决办法，在工作中取得成果。反之，在工作中从来没有进行过独立思考的人，就算能够顺利地完成自己的工作，也没有带领团队取得成果的能力。"

指导师近江卓雄这样评价养成站在更高一级的视角进行思考的习惯的重要性。

"如果一个人突然被提拔为领导，恐怕很难立刻描绘出职场的愿景。所以，对于将来有发展前途的人才，应该平时多让他思考更高一级的课题。比如'你对生产效率有什么看法''你对安全性有什么看法''你对人才培养有什么看法'之类，从五大任务的角度多进行思考。

"我的上司就经常让我思考这样的问题。尽管我当时心里想的是'为什么让我去思考这么麻烦的东西……'，但当我实际站在上司的位置之后，当时的经验全都派上了用场，使我能够站在俯瞰的视角上对现场进行管理。这时我才意识到上司的一片苦心。所以我也经常向部下提出让他们站在更高一级的视角上进行思考的课题。"

在给部下安排课题的时候，上司必须鼓励部下自主行动。如果上司总是要求部下"做这个""做那个"，那部下就会产生依赖心理。

指导师井上陆彦这样说道：

"我记得以前我在丰田工作的时候，上司建议我作为管理监督者应该有这样的心态。'上司应该让部下在自己的手心里自由行动，但是也要提供最低限度的保障，让部下不至于从手上掉下去。'也就是说，在给部下制定出范围的基础上，任由部下自由发挥。这样可以使部下得到成长。这也是我在成为管理监督者之后的亲身感受。"

将500日元的提案变成6000日元

即便是成长比较缓慢的部下，也可以通过给他安排稍微超出他能力范围的工作来促进其成长。任何人都能得到成长，可能有些人成长的速度比较慢，但只要坚持努力总会看到成长的成果。

丰田有一个鼓励现场员工提出改善创意的奖励制度，有不少员工都通过这项制度得到了成长。

指导师井上陆彦这样说道：

"推行创意奖励制度之后，提出改善创意的员工能够得到500日元至几千日元不等的奖金，但有的员工提出改善创意时，对于

'问题''对策''效果'等内容每个只写一行。我开玩笑地将这样的改善创意称为'三行革命'……

"创意奖励制度会根据改善创意和具体内容给予奖励，像'三行革命'这样的创意最多只能拿到500日元的奖金。不过，其中也有很好的创意。对于这些很有想法的提案，我会教他们更好的写法，让他们的改善提案更上一层楼，有的人在修改之后甚至获得了6000日元的高额奖金。"

如果因为部下"成长太缓慢"而放弃对他的培养，只给他安排任何人都能做的简单工作，等于剥夺了这名部下成长的可能性。

正如丰田在"丰田之路2001"之中提出"尊重人性"这一概念一样，任何人都能得到成长，都有成长的潜力。

3

指示与反应
缺一不可

POINT

为了让部下在工作时没有抵触情绪，丰田的
领导都及时地对部下的行动做出"反应"。

如果只对部下做出"做这个""做那个"的指示，而没有对工作的意义进行说明，那么部下很容易产生"被迫工作"的抵触情绪。结果就会导致部下的工作积极性降低，认为"稍微偷下懒也没关系""不知道自己做这些事情有什么意义"。

上司不应该打消部下的工作积极性，而应该提高部下的"价值"。

在丰田的现场，为了防止出现重大事故，所有人都养成了"发现隐患立刻报告"的习惯。所谓隐患，指的就是尚未造成损失，但如果放任不管有可能造成巨大事故和灾害的情况。

任何大的问题和事故，在发生之前肯定都有征兆。比如"设备总是发出奇怪的声音"，那么肯定有导致发出奇怪声音的原因。如果认为"只是有点奇怪的声音，并不影响作业"而对这个问题置之不理，早晚会出现大问题。

现场总是不断地出现小问题。趁问题还没有发展恶化的时候进行改善，将问题扼杀在萌芽阶段，就可以避免出现导致生产线长时间停止的大问题。

"隐患提案"体制固然好，但如果这一体制不能充分地发挥作用，那就是最大的浪费。如果明明有隐患提案的体制，但现场却频繁出现残次品和事故，这就说明体制已经形同虚设。

指导师滨崎浩一郎这样说道："隐患提案的体制是否能够得到

充分地执行，是由管理监督者的态度决定的。"

"对现场情况最了解的人，莫过于每天都在现场进行工作的员工。因为他们每天都在对现场进行定点观测，所以哪怕有很微小的变化，他们也能够及时地发现。

"小孩子感觉不舒服去医院看病，但医生经过检查后却没发现任何数据上的异常，也只能做出'数值没有异常，应该没什么大碍'的诊断。但是，对孩子的情况最了解的人是孩子的父母。因为父母与孩子一直在一起，所以对孩子的细微变化都能够觉察。说不定这细微的变化正是某种疾病的预兆。同样，能够觉察到设备微弱异常的人，只有现场的员工。

"不过，即便告诉现场的员工'发现异常及时汇报'，但上司不积极检查的话部下也不会行动。现场的员工汇报异常情况，除了要对报告的员工进行褒奖之外，上司也应该尽快赶往现场确认异常情况并采取对策。在接到隐患提案之后，上司是立刻做出了反应还是对此置之不理，会对部下的意识造成巨大的影响。'上司很重视我'这种安心感能够加强上司与部下之间的信赖关系，只有存在信赖关系，隐患提案的体制才能够顺利地运行。"

倾听生产线和设备发出的"悲鸣"是现场员工的职责，而倾听现场员工的"声音"就是上司的工作了。

　　上司不能只对部下做出"做这个""做那个"的指示，还要确认部下是否按照指示进行了工作，以及对部下的行动及时地做出反应和协助。这才是上司最重要的工作。

4

解释清楚
工作的"理由"

POINT

只顺利地完成工作是远远不够的。只有了解
工作的理由，才能提高工作的附加价值。

绝大多数的企业在教部下工作的时候，一般都是上司先演示一遍，然后让部下学着做一遍。这就是"示范、模仿"的过程。

但是，仅凭示范和模仿，不管部下模仿得多像，最多也只能做到80%左右的程度。要是其他员工再模仿这个部下的工作方法，那么最多只能做到上司原版的60%左右的程度。由此可见，单纯的"示范与模仿"是不行的。

丰田的上司在教部下作业方法的时候，除了示范与模仿之外还要做到"跟踪观察"。

对丰田的上司来说，标准是对部下进行指导时最好的工具。因为标准明确地写明了哪些事情必须做，哪些事情不能做，这样上司的指导内容就不会出现偏差。上司在教部下新的作业方法时，除了亲自示范，还会同时对工作手册上记载的顺序、关键点以及理由都进行非常详细的说明。

如果只是让部下模仿一遍，部下并不能完全掌握作业要领。可能过一段时间就把一些关键内容给忘记了，还有可能对一些地方"似懂非懂"。

所以上司需要以标准为基础，通过"示范、模仿"让部下掌握作业的关键点。指导师中上健治指出，"在教部下作业方法的时候，还要养成同时将作业的关键点及理由都告知部下的习惯"。

"现在的标准是如何产生的，这样做的意义究竟是什么，如果部下不理解这些内容，那就无法彻底掌握作业的方法。只有部下明白'为什么要这样做'，他才能够在遇到问题的时候发现问题。所以在教部下作业方法时必须不厌其烦地进行说明，直到他彻底理解标准的关键点和理由为止。

"另外，如果部下不理解关键点和理由，那么以后他再教别人的时候也教不明白。从这个意义上来说，让部下完全理解标准的关键点和理由非常重要。"

丰田的上司在"示范、模仿"之后，为了确认部下是否真正掌握了作业方法，还会到现场跟踪观察部下的作业情况。也就是说确保部下"在头脑和身体两方面都掌握了作业的方法"。

明确"为什么要做这项作业"

像这样理解一项作业的背景和理由，还能够提高作业的附加价值。

如果只是告诉员工"每天都要写销售报告"，但员工不理解这样做的意义，就会产生"好麻烦啊"的心理，以应付差事的态度做

丰田的高效教授方法

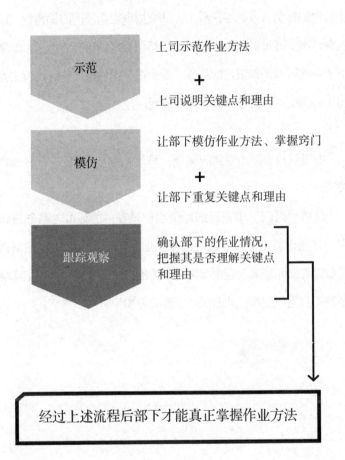

示范
上司示范作业方法
+
上司说明关键点和理由

模仿
让部下模仿作业方法、掌握窍门
+
让部下重复关键点和理由

跟踪观察
确认部下的作业情况，把握其是否理解关键点和理由

经过上述流程后部下才能真正掌握作业方法

这项工作。

但实际上，上司能够通过销售报告事先觉察到问题的征兆，从而及时地进行应对。另外，还能够将一名销售负责人的好方法应用于其他销售负责人的客户身上，从而提高整个部门的销售额。以前就有过不少通过销售报告防患于未然和提高销售额的例子。如果部下能够理解写销售报告的意义，那么在写销售报告的时候肯定会更加用心，工作方法也会有极大的改变。

如果只教表面能看到的部分，那么关键的"窍门"部分就容易被遗漏。

以将"窍门"事无巨细地全部记录在内的标准为基础进行教学，才能让部下了解"原来这项作业还有这样的意义"。然后再通过跟踪观察保证部下完全掌握了作业的方法和意义，才能切实地提高员工的生产效率，从而提高工作的附加价值。

丰田每天都在坚持的习惯

重视本业之外的
"非正式活动"

POINT

即便是没有取得任何工作成果的部下也绝对
不能放弃。给部下创造"发挥才能的场所"
也是上司的重要习惯。

指导师桥本互这样说道："在丰田，只要你有积极进取的态度，那么所有的活动都是你成长的食量。"

丰田有一种被称为"非正式活动"的活动。非正式活动是员工与其他部门、其他工厂的员工进行沟通和相互学习的绝佳机会，通过这项活动能够促进组织间的横向沟通。此外还有以职务为划分标准的组织（组长会、工长会等）。

因为这些活动都是在工作时间之外举行，所以基本都是没有工资的。或许很多人会认为"既然没有工资，那参加岂不是浪费时间吗"。

但桥本互却认为"非正式活动是成长的绝佳机会"。

"要想积极参与到非正式活动之中，需要具备一定的领导能力。而在举办运动会、休闲会、学习会等活动时，需要与其他部门的成员进行沟通和准备，所以能够掌握到安排能力。即便是在职场之中还没成为领导的人，也可以借参加非正式活动的机会锻炼自己的领导能力。

"另外，因为这些都是横跨组织的活动，所以可以结识更多的人，拓展自己的人脉关系，或许对自己将来的工作有所帮助。"

在参加非正式活动的时候千万不能带着"好麻烦"的心态去，

而要积极地认为"参加非正式活动是一种学习和锻炼的机会",这样会有更大的收获。事实上,参加非正式活动也可以说是工作内容之一吧。

给苦于得不到成长的部下创造发挥能力的场所

人并非只有在职场中才能获得成长。指导师近江卓雄认为,"对于在职场中无法得到成长的部下,可以让他积极参加非正式活动和公司内部的娱乐活动"。

"丰田从20世纪50年代开始就举办内部运动会,由员工团体负责活动的运营。因为这项运动会的规模比较大,所以需要运营者拥有极强的组织能力才行。

"有些人虽然在平时的生产作业中不怎么起眼,但一到举办活动的时候就显得异常活跃。甚至有因为在这种非正式活动中找到了自信,回到职场后成长为领导的人才。"

特别是给年轻人提供一个像非正式活动这样在本职工作之外发挥才能的场所,是上司的重要职责之一。只要年轻人能够积极地参与到活动中来，这些活动就能成为使其获得成长的绝佳机会，他们也一定能够令周围的人刮目相看。

比如可以将年轻人选为横跨多个部门的项目组成员，还可以让其担任酒会和赏花会等公司内部活动的组织者。如果年轻人能够通过这些活动发挥出自己的才能，那么在回到职场之后，他们也能够自信满满地投入到工作之中。

6

在批评的同时
告知理由

POINT

如果只提醒部下"以后注意点",部下很有
可能重复同样的错误。所以在批评的同时一
定要告知理由。

丰田在追查问题真因的时候，一定会彻底思考"为什么会发生问题"。正如"重复5次为什么"这句话所说的那样，通过不断地思考"为什么"，可以找出真因。

　　指导师滨崎浩一郎这样说道："丰田的上司有在批评部下时也问'为什么'的习惯。"

　　"如果部下明确地认识到自己的失败，并且进行了反省的话，上司就不用对其进行批评，只需提醒'以后注意点'就足够了。因为这样的员工不用上司批评，也能够认识到自己的错误，不会出现同样的问题。但也有部下认识不到自己错误的时候。比如作业标准应该是'A→B→C'的情况下，部下直接跳过了步骤B，却还感觉自己并没有做错什么。在这种时候就轮到'为什么'出场了。但并不是单纯地向部下询问'为什么'，而是要让部下客观地认识到事实，帮助其进行思考。"

　　部下之所以跳过步骤B，肯定是有原因的。所以可以先试着询问"为什么跳过了步骤B""为什么没按照标准进行作业"。

　　部下或许会回答说"我觉得跳过步骤B可以更有效率"，那么上司可以这样问"你说的可能也有道理，但你知道为什么标准中要求有步骤B吗"。在促使对方思考之后，再仔细地解释清楚"如果跳过步骤B，虽然看起来作业效率提高了，但是可能会导致下一工序出现问题，甚至造成生产线停止"。利用"为什么"向对方解释清楚整个流程的理由，可以加深对方的理解。如果只是单纯地强调"我不是跟你说不能跳过步骤B吗"这一"结果"，那么对方恐怕会不理解其中的理由，导致再次发生同样的问题。养成关注"过程"而非"结果"的习惯，可以防止同样的问题再次发生。

爱之深，责之切

大家都知道在工作中不能感情用事，身为上司不能向下属发泄自己的情绪，即便是批评也要得到对方的理解。但指导师滨崎浩一郎认为"有时候适当的'愤怒'也是有必要的"。

"前几天我遇到了一位之前职场中的部下，他对我说'以前我并不喜欢滨崎先生，但现在再也没有像滨崎先生那样对我大发雷霆的人了，让我感到有些寂寞呢'。他的这番话，让我重新思考了'愤怒'的意义。我不知道其他部门是怎样的情况，就我个人而言，有时候会感情用事地'愤怒'。特别是有部下违反与安全相关的规则时，我会毫不犹豫地大发雷霆。因为一旦由于违反规则造成了人员伤亡，那么不管是对部下本人还是对他的家庭来说，都是非常严重的伤害。

"有时候如果你不将自己的感情传达出来，对方就认识不到问题的严重性。我之所以那么愤怒，并不是因为我对部下有什么怨恨，而是因为我关心他，真的担心他的安全。'喜欢'的反义词并不是'讨厌'而是'不关心'。我觉得上司最大的错误就是不关心部下。"

如今大家都在宣扬"鼓励教育"的重要性，但一边倒的表扬不一定就有好的结果，这也是事实。所以关心对方的"愤怒"也是很重要的。

口头禅是"有没有什么办法呢?"

敢于直面困难才能取得成长。丰田有勇于挑
战困难的习惯。

在工作中难免会遇到困难。比如挑战之前从未尝试过的新工作，或者接受了超出自己能力范围的任务……

或许有人一想到即将面对的困难，就会踟蹰不前，甚至心里打起退堂鼓。但是，这些困难也是宝贵的学习机会。

指导师中上健治这样说道："在丰田，有很多不把困难当成困难的上司。"

"我在丰田工作的时候，遇到过许多即便面临非常困难的局面也从不流露出丝毫惧色的上司。他们不仅敢于直面困难，还能一边说着'有没有什么办法呢'，一边思考解决问题的办法。

"我当时在涂装部门工作。一般来说，给下方和侧面进行涂装比较容易，而给贴着车顶的一面进行涂装就没那么简单了。因为涂料是液体的，所以喷到上方的时候很容易因为重力的作用而滴落下来。在遇到这个问题的时候，很多作业者都会认为'没办法解决'而放弃，但我当时的上司却一边说着'有没有什么办法呢'，一边不断地进行尝试。最后他终于找到了斜着一点点进行喷涂的方法，解决了涂料滴落的办法。

"现在回想起来，敢于直面问题的人，往往技术提高得很快，升职也很快。因为通过挑战困难的问题可以积累丰富的经验，而这些经验在今后的工作中都能够派上用场。"

挑战困难积累的经验一定能够派上用场

有时候，在工作中可能会遇到一辈子只能遇到一次的严重问题。面对这样的问题究竟是积极尝试解决，还是干脆选择逃避。不同的选择对你今后的工作会造成巨大的影响。即便今后再也不会出现同样的问题，但在解决这个问题时积累的经验，一定会在别的地方派上用场。

指导师中上这样说道。

"我从事过教机器人进行涂装的作业，我发现那些敢于面对困难、不断磨炼自身技能的人，也很擅长教机器人工作。十分熟悉作业技巧、拥有优秀技能的人教出来的机器人，动作更加流畅而且在作业过程中没有无用功。而其他人教出来的机器人则有多余的动作，工作效率不高，甚至一看机器人的工作情况就知道是谁教出来的。"

如果只是做那些任何人都能做的简单工作，无法磨炼自己的技能。这样的人很容易被机器人取代。只有敢于直面困难的人，才能掌握独门技巧。即便今后工厂实现了自动化和机器人化，这样的人也一样能够继续发挥自己的技术实力。

有时候挑战困难的工作或许会失败，但即便失败也一样能够积累经验。只要养成面对困难时脱口而出"有没有什么办法呢"的习惯，就一定能够随着时间的积累得到成长。

8

关心部下

POINT

丰田的领导会时刻关心自己的部下。这种
关心能够帮助部下实现成长、取得工作的
成果。

近年来，越来越多的公司提倡公私分明的管理模式。但事实上，因为私人生活的问题对工作造成直接和间接的影响，导致工作中出现问题和事故的情况也是存在的。

比如为了照顾家人而连续睡眠不足，就会影响到白天工作时的集中力。如果有贷款太多或者夫妻关系不好等问题，可能会导致员工产生精神不稳定的情况。

尽管不如过去那么亲密，但丰田至今仍然保留着"将每名员工都看作家人"，关心员工私人生活的习惯。

关心部下是丰田的企业文化。丰田所说的"关注"，指的是"夸奖""批评""观察"等沟通。

指导师井上陆彦这样说道："虽然不至于到手把手地教你怎么工作的程度，但丰田的上司确实很关心部下。"

"我年轻时被选为QC小组成员，因为要组织活动的发表会，所以下班回家后我也要制作资料。尽管上司给我提供了不少宝贵的建议，但因为我第一次做这种工作所以很不习惯。尤其手绘画图让我吃了不少苦头。

"当时我的上司班长来我家看我，发现我在工作很意外地说'竟然还在做吗，真努力啊'。后来我俩就在房间里下起了将棋。他从不会对我说'做这个''做那个'，只是告诉我'有不懂的地方就问我'。有这种关心自己的上司在，让我很有安全感。后来当我成为上司之后，会在事务所一边做别的工作一边等现场的部下都完成工作之后再走。"

指导师井陆彦上这样说道：

"当时的干部经常说，'要让部下在下班的时候和上班的时候一样精神饱满'。也就是说，不能让部下在职场中受到伤害，这也是上司的工作之一。"

丰田的上司对部下的关心不仅限于职场，还要关心部下的私人生活。比如，对于患有高血压和高血糖的部下，上司应该和他一起研究吃什么样的食物有助于身体健康，对饮食进行管理。如果有部下因为贷款太多而倍感压力，上司应该帮部下思考还款方法、制订还款计划。

指导师井陆彦上还曾经亲自前往突然不来上班的部下家中，向公寓管理员借来钥匙进房间确认部下的人身安全。

因为丰田的上司都养成了时刻思考"怎样做才能让部下过得更好"的习惯，所以才能做到这种地步吧。

发现部下不为人知的一面

指导师滨崎浩一郎这样说道："通过对部下的关注，还能发现部下不为人知的一面。"

滨崎浩一郎新上任的部门接连发生多起事故，尽管召开了以安全为主题的讲习会也没取得什么效果，于是滨崎浩一郎决定对大约120名部下挨个进行单独约谈。

"每个人有20~30分钟时间，从职场安全相关的内容，到对工作的态度、兴趣、家庭环境、工作和人生目标等私人话题都可以聊。

"发生事故肯定具有原因的。要想将事故扼杀在萌芽之中，就必须从部下那里提前获得与隐患相关的信息。通过沟通私人话题来构筑起人际关系，不但便于今后收集信息，我的安全提醒也能够起到更好的效果。尽管与每个人单独约谈花费大量的时间，但最终的结果是提高了整个部门的安全意识，从那以后再也没有发生过事故。"

面谈的效果不只是提高了员工的安全意识，还让一名年轻人暴露出了他不为人知的另一面。

这名年轻人平时穿着很夸张的服装，剃了一个光头，给人一种很强势的感觉。有一天滨崎浩一郎发现他来上班的时候头上缠着绷带，就问他"你怎么了，受伤了吗"，对方只是敷衍地回答说"没有"。滨崎浩一郎又向他的上司打听情况，上司也不知道他到底怎么了，只是开玩笑地说了句"可能跟谁打架了吧"。

　　后来滨崎浩一郎和他面谈时，说到休息日都做些什么的话题。这名年轻人似乎有些不好意思地说道：

　　"我每年都和当地的前辈们做清扫沙滩的志愿者，海边有位独自生活的老婆婆，有一次我帮她换电灯泡的时候椅子倒了，我从上面摔了下来。"

　　正是这么不经意间的一句话，让滨崎浩一郎知道了他之前头上缠着绷带的原因。这名年轻人虽然看起来很强势，但其实却是一个内心温柔、乐于助人的好青年。

组织管理需要"轻松"的氛围

　　了解到这名年轻人不为人知的一面之后，滨崎浩一郎在年末的总结大会上特意介绍了他的志愿者活动，并且还发给了他一些奖金。滨崎浩一郎这样回忆道：

"我认为将他不为人知的一面展现给职场里的大家，不管对职场来说还是对他来说都是好事。如果我不对120名部下每个人进行单独约谈的话，就不可能发现他们真正的一面。通过这件事也让我深刻地认识到，只有走进部下的私人生活，才有可能发现他们不为人知的一面。

"很多人认为丰田奉行彻底消除无用功的效率至上主义。但这只是丰田一面，丰田同时也有'尊重人性'的一面。只有在尊重人性，相信部下成长的可能性的基础上追求效率，组织才不至于崩溃成一盘散沙。领导花时间去关心部下，乍看起来可能很影响效率，但就像对汽车来说油门与刹车缺一不可一样，如果没有'轻松'的氛围，只有'紧张'的气氛，那么组织也难以顺利地运营下去。"

可能一般的公司都很难进入到员工的私人生活之中。但在"怎样做才能让部下过得更好"的思想指导下积极地对员工给予关心是最重要的。

比如借开会和报联商（报告、联络、商谈）等机会，和部下沟通一些工作之外的话题也能取得很好的效果。

很随意地问一句"××公司的企划还顺利吗""看你脸色不太好啊，昨晚失眠了吗"，部下或许就会将自己遇到的难处说出来。这样一来，上司或许能为部下提供一些帮助，而部下因为得到了上司的关心也会感到安心。如果实在没有时间，哪怕只是站着闲聊几句也可以。

多关心部下，能够和部下建立起信赖关系，从而使上司更顺利地从部下那里获取信息，部下也能够更积极地进行挑战，从而使自己的能力得到发展。

结语

我总能从OJT Solutions的客户企业处听到"我们之前也进行过改善，但现在已经放弃了"之类的声音。询问原因发现，大多是因为"现场的工作太忙""正在扩展全球化业务，高层没有去现场的时间"之类的理由。

似乎这些企业认为改善并不是工作，而是"本业之外的麻烦事"，所以当业务繁忙的时候就将改善停止了，"等有空的时候再改善"。

不只改善，他们的这种想法还同样出现在人才培养上。到目前为止，丰田不管在生产活动多么繁忙的时候或者经营环境发生怎样的变化，都从没有停止过改善和人才培养。因为改善和人才培养是追求更高生产效率的必要工作，是企业经营中必不可少的内容。丰田从管理者到每一名员工，都对坚持改善和人才培养没有任何的疑问。

每当我们这样对客户进行说明时，客户虽然能够理解，但却还是说"那是因为你们丰田拥有独特的体制"。当然，丰田确实有让改善和人才培养坚持不断的体制。

但体制不管多么完善，如果没有一定的强制力或者每个人的自主性，那也没办法长期保持下去。我个人认为，丰田的体制之所以能够保持这么久，是因为后者。

本书总结了应该养成习惯的思考方法和行动模式，可以帮助各个企业在职场中进行改善和人才培养。这些思考方法和行动模式，并不是自然而然地扎根于职场之中的，而是"想在职场中培养出这种习惯"的领导者们不懈努力的结果。

丰田一直以来都在通过各种各样的活动，将上述思考方法和行动模式在职场中习惯化。这些活动大体上具有3个特征：

第一，不只追求短期成果。

如果活动的目标是"将××提高×%"，那么当目标达成之后活动往往就此结束。但丰田考虑的是通过这项活动，能够使组织体制增强多少，让员工学到什么东西，使员工的意识发生怎样的改变。因为要想改变组织体制需要很长时间的努力，所以就算现场实现了当初的定量目标，到了第二年还会提出更高的目标使活动继续下去。当然，负责该项活动的干部也要一直对活动的进展情况保持关注，绝对不能以"我很忙"之类的理由拒绝听取部下的汇报。

第二，活动的名字一定要通俗易懂，并且能够给人留下深刻的印象。

比如现场实施的"集约停止"活动。这是在泡沫经济崩溃之后导致产量下降、公司全体设备的运转率下降时开始的活动。

如果两台同样的设备运转率都只有50%，那么就将生产活动"集约"到一台设备上，而将另一台设备"停止"。对于非运转设备的处理方法比如出售、废弃等可以稍后再做决定，但首先要将设备停止。这样做可以提高员工的作业效率，还能节省电费和维保费用。

虽然这是丰田自己创造出来的名字，但因为通俗易懂、上司频繁使用，所以很快就渗透进现场之中。现在"集约停止"已经成为丰田的常用语，是否应该进行"集约停止"是对现场进行检查时的关键点之一。

第三，跨部门的活动很多。

汽车由上万个零件组成，供应链既漫长又复杂。每一道工序都有企划、开发、设计、调配、生产、物流、销售等一系列流程，所以不管对那一个地方进行改变，仅凭一个部门都是无法做到的。当然，这种特性虽然存在诸多不便，但也有通过某活动的横向展开

（在公司内部共享）从而提高效率与合作度的优点。这样一来，在活动中产生的知识和思考方法也更容易"习惯化"。

OJT Solutions的指导师们会从自己在丰田工作40余年养成的"习惯"之中找出最适合客户企业特性的内容，为了使其成为客户企业职场之中的"习惯"而不辞辛苦地在现场展开工作。这种一步一个脚印的踏实做法，能够使改善与人才培养根植于客户企业的现场之中。

株式会社OJT Solutions